和之美

大切にしたい、
にっぽんの暮らし

〔日〕佐藤裕美 著

朱世方 译

和风生活绘物志

北京联合出版公司
Beijing United Publishing Co., Ltd.

前 言

所谓"岁时记"，是记载女儿节和七夕等传统仪式，描述夏至、冬至和四季变换等各种自然现象。简单地说，是一本住在日本的生活指南。

大多数人都知道在节分（立春的前一天）要撒豆子以驱赶邪气，或者除夕要吃跨年荞麦面等习俗。不过除了这些以外，在日本还有许多重要且极好的节日仪式和风俗习惯。这些节日和习俗有如钻石般镶嵌在一整年中，在人们的心中留下无限的幸福感。岁时记和生活息息相关，给单调的每一天增添了许多缤纷的色彩，使生活过得更充实，心也更加丰富踏实。

或许有人认为这些传统仪式看起来"很艰涩"或"非常麻烦"，就连我自己也深有同感，何况是住在都市里的人，想将忙碌的生活融入大自然，似乎也不大容易。

尽管如此，我们还是渴望享受岁时记的生活。如果可以化繁为简，从生活周边取材，心想"如果是这样，我也能办到"，自然会浮现各种新鲜的点子。

透过本书，您可以用简单的方式来准备一盘年菜，或是用色纸折女儿节的人偶，轻松愉快地将传统仪式融入生活中。

更吸引人的是，本书不仅介绍岁时记的习俗仪式与背后的意义及典故，还附上简单的季节料理食谱，希望这本书能成为您实践岁时记的入门书和生活指南，也希望您喜欢书里的插图。

目录

一月

二月

三月

四月

五月

六月

七月

八月

九月

十月

十一月

十二月

您是否觉得很不可思议呢？我们称一年中最酷热的时候为"立秋"，却称雨量最多的六月为"水无月"……其实这些都来自"旧历"，和现代社会常用的"新历"有些差异。大致来说，旧历会提早一个月左右进入季节转换。古时候没有现代的科学文明，先祖必须依照四季的更迭而生活，大自然的转变也深深地影响衣食住行。希望本书可以帮助您深入了解新、旧历的知识与差异，盼您能从中找到许多乐趣。

年历的由来

年历主要分为三大类——"太阳历""太阴历"和"阴阳合历"。

太阳历

现为世界主要通用的历法。以地球绕太阳公转一周的时间作为一年的历法，一周期大约365天5小时48分又46秒，所以一年并非365天，为修正误差每隔四年增加一闰日（2月29日）。太阳历也称为"新历"或是"格里高利历"。

太阴历

以月亮的朔望月相变化为一个月周期所制定的历法（月亮从新月到下个新月为29～30天）。因为月亮的圆缺和太阳的运转没有关联，因此随着季节的变化而有偏差。

阴阳合历

又称"旧历"。是太阳历与太阴历并行的历法。以接近立春的新月为一年的开始，每隔三年增加一闰月作为偏差的修正。日本明治五年（公元1872年）以前，都是使用阴阳合历。

二十四节气和七十二候

在中国古代一直是使用太阴历，但随着季节的转换会有所偏差，为了让人们得知气候的变化作为生活起居的参考，先民们依据太阳运转的周期制定了"二十四节气"。在一年之中，有两天太阳从正东升起，沉没于正西，即"春分"和"秋分"，以"春分"和"秋分"作为起点，将太阳的运转时期分成二十四等份，各段时期会随着大自然的变化而取所象征的名字。

二十四节气是在飞鸟时代（公元6～8世纪）传入日本的，尤其是与农业（无论播种或收割）有着十分密切的关系，亦是生活起居不可或缺的准则。

二十四节气再细分三等份，以五日为一候，称为"七十二候"。

七十二候以简短的文字，描绘细致的气候和动植物变化，光看字面，所叙述的景象便栩栩如生地浮现在眼前。

立春
2/4（左右）

春天来了，寒冷中感受春天的气息

东风解冻	东风送暖，化解大地冰封已久的寒冻
黄莺见睆	黄莺在山村里开始啼鸣
鱼上冰	河面开始融冰，鱼也陆续游出水面

雨水
2/19（左右）

这时候已不再下雪，而是开始下雨

土脉润起	下雨了，湿润了土地
霞始靆	空气中湿气回升，傍晚可见彩霞
草木萌动	草木开始发芽

惊蛰
3/6（左右）

天气变暖，昆虫出来活动

蛰虫启户	冬眠的昆虫都出来活动
桃始笑	桃花开始盛开
菜虫化蝶	青虫羽化为白蝶

春分
3/21（左右）

春的彼岸，昼夜长短相同

雀始巢	麻雀开始筑巢
樱始开	樱花开始绽放
雷乃发声	远处开始打雷

清明
4/5（左右）

春暖花开，景色清明

玄鸟至	燕子从南飞来
鸿雁北	鸿雁北飞
虹始见	雨后看见彩虹

谷雨
4/20（左右）

春雨滋润了谷物生长，是下"菜种梅雨"的时候

葭始生	芦苇开始冒出新芽
霜止出苗	霜停了，稻苗开始生长
牡丹花	牡丹花开始绽放

立夏
5/6〔左右〕

夏天到来，从这天开始到立秋的前一天，在月历上称为夏季

蛙始鸣	青蛙开始鸣叫
蚯蚓出	蚯蚓从地底钻出
竹笋生	竹笋开始生长

小满
5/2〔左右〕

草木逐渐茂盛

蚕起食桑	蚕开始吃桑叶的时候
红花荣	鲜花盛开
麦秋至	麦子已成熟，收割的时期

芒种
6/6〔左右〕

农作物播种的最佳时期，进入梅雨季节

螳螂生	小螳螂破卵而出
腐草为萤	腐草化为萤火虫（古人认为萤火虫由腐草或烂掉的竹根变化而成）
梅子黄	梅树的果实成熟了

夏至
6/21〔左右〕

一年之中白昼最长的一天

乃东枯	夏枯草开始枯萎
菖蒲花	菖蒲花开
半夏生	野生药草开始生长

小暑
7/7〔左右〕

梅雨旺盛，开始进入盛夏

温风至	暖风吹
莲始开	莲花开了
鹰乃学习	幼鹰开始学习飞翔

大暑
7/23〔左右〕

一年之中最热的时期

桐始结花	梧桐开始结果实
土润溽暑	土壤潮湿，天气也变得闷热
大雨时行	随时会下大雨

立秋

8/8 〔左右〕

秋天来了，从这天开始到立冬的前一天，在月历上称为秋季

凉风至	开始吹凉风
寒蝉鸣	寒蝉开始鸣叫
蒙雾升降	浓雾迷漫

处暑

8/23 〔左右〕

暑气到此时开始退去，真正开始秋凉

棉柎开	棉的花萼在此时裂开
天地始肃	暑气总算渐渐退去
禾乃登	稻谷成熟

白露

9/8 〔左右〕

清晨时分，地面和叶子上有许多露珠

草露白	草上滴下亮晶晶的露水
鹡鸰鸣	鹡鸰（鸟纲雀形目鸣禽类）开始鸣叫
玄鸟去	燕子南飞回巢

秋分

9/23 (左右)

秋的彼岸，昼夜长短相同

雷始收声	不再打雷
蛰虫坏户	群虫躲进土中准备过冬
水始涸	水汽开始干涸

寒露

10/8 (左右)

深秋渐至，朝露冰冷

鸿雁来	鸿雁南飞
菊花开	菊花盛开
蟋蟀在户	蟋蟀入洞鸣叫

霜降

10/23 (左右)

山里开始降霜

霜始降	开始降霜
霎时施	淅淅沥沥下着小雨
枫蔦黄	枫叶或藤蔓植物的叶子变黄了

立冬
11/7 〔左右〕

冬天来了，从这天开始到立春的前一天，在月历上称为冬季

山茶始开	山茶花开始盛开
地始冻	大地开始冻结
金盏香	金盏花开始盛开

小雪
11/22 〔左右〕

雪开始稀稀落落地下

虹不见	彩虹消失了
朔风拂叶	北风将树叶吹落
橘始黄	柑橘叶开始变黄

大雪
12/7 〔左右〕

真正的冬天到来

闭塞成冬	天地闭塞，天地之气不再流通而进入严寒的冬天
熊蛰穴	熊躲进洞里准备冬眠
鲑鱼群	鲑鱼成群逆流而上

冬至
12/22（左右）

一年之中夜晚最长的一天

乃东生	夏枯草开始发芽
麋角解	麋鹿在冬至时麋角脱落
雪下出麦	雪面下的麦子发芽了

小寒
1/5（左右）

天气越发寒冷，进入寒冬

芹乃荣	水芹生长
水泉动	地下冰冻的泉水开始涌动
雉始鸣	雄雉开始鸣叫

大寒
1/20（左右）

一年之中最冷的时期

款冬华	蜂斗菜长出花蕾
水泽腹坚	瀑布结了厚厚的冰
鸡始乳	母鸡开始下蛋

杂节

由中国传入的"二十四节气"，有些和日本的气候不吻合，因此便加上"杂节"补之，成为日本独有的节气。

节分
2/3（左右）

立春的前一天，
从冬天变成春天的一天。

彼岸
3/21、9/23（左右）

春分和秋分之时，
太阳从正东升起，落入正西。

社日
3/20、9/20（左右）

春分和秋分之时，
祈求无灾无难之感恩丰收的日子。

八十八夜
5/2（左右）

从立春算起第88天，
采茶的好时节。

入梅
6/11（左右）

进入梅雨季。

半夏生
7/2（左右）

梅雨最明显的时期，
结束插秧之日。

土用
1/17、4/17、7/20、10/20（左右）

立春、立夏、立秋、立冬前的
18天期间。

二百一十日
9/1（左右）

从立春算起第210天，
开始进入台风季节。

二百二十日
9/11（左右）

从立春算起第220天，
开始进入台风季节。

期许您的 365 天日日是好日，充实丰足！

一月

睦 月

亲朋好友齐聚一堂，和睦地迎接新的一年，称之为"睦月"，亦称之为"新春""初春""孟春""太郎月"。

1月

1 日　　新年

2

3

4

　　　　慢慢地进入寒冬

5 日 (左右)　　小寒 (二十四节气)

6

7 日　　人日节

　　七草粥

8

9

10

11 日　　开镜饼

12

13

14

15 日　　小正月

16

17

18

19

20 日 (左右)　　大寒 (二十四节气)

21

22　　　　一年之中最冷的时候

23

24

25

26

27

28

29

30

31

　　　　二十四节气　　　　　　其他仪式或习俗

新的一年即将开始，所谓新年的"新"，并不是强调"改变"，而是"明朗"。日本的新年就如同黎明般，在安静且庄严的氛围下展开。

古代的历法将一月称为"睦月"，有着"与人和睦的月"之意，即使在现代也能感受到人与人之间的关系在这个月份更显得亲密。记得小时候过新年都在祖父母广岛的家中度过，亲戚朋友与邻居陆陆续续来家中做客，大家一起享用美食、玩纸牌游戏，还有压岁钱可以拿。不过，最珍贵的还是那些如阳光般笑容灿烂的人们，至今仍旧留下深刻的印象。

时光一点一滴慢慢地流逝，一月正是提醒我们为新的一年订立新目标，提起精神振作的时候，让我们更踏实地实践古代的传统习俗，将它融入每一天的生活中。

一月的诞生花
梅
花语：品格优雅高尚

一月
当令食材

菠菜

含有丰富的铁质和帮助铁元素吸收的维生素 C。特别推荐这个时期盛产的"扭曲菠菜"，栽种区主要从关东地区到日本东北部，因为寒冷，所以叶子会缩小，使得营养浓缩在一起，也更甘甜。

鰤鱼

多脂味美，不论是煎、煮或生吃都很美味，年节菜也一定少不了这道料理。鰤鱼的名称会随着成长而有所改变。发育期称为小鰤鱼，再大一点称为鰤鱼；也有人把野生的称为鰤鱼，养殖的称为小鰤鱼。

牛蒡

皮下含有菊糖（菊苣纤维）等多种丰富的营养素，料理时用鬃刷洗刷干净即可。牛蒡一般被当作药材使用，只有亚洲的部分地区（包括日本）拿来当作食材。

莲藕

莲藕的小洞象征透视未来，因此被用在节庆的料理中。莲藕富含丰富的维生素 C，可预防感冒，是最适合寒冬食用的根菜类。

富含丰富的膳食纤维——莲藕炒牛蒡丝

① 将胡萝卜切丝，莲藕去皮切成片状，牛蒡用
鬃刷洗刷干净后切丝。分别静置水中5分钟
后捞起将水分沥干。

切丝　　　切片　　　切丝

泡在加醋的水里可避免变黑。但莲藕容
易残留酸味，牛蒡的美味也会消失

材料（2人份）

- 莲藕　　　　一小段
- 牛蒡　　　　1/2根
- 胡萝卜　　　1/2根
- 芝麻油　　　1大匙
- 白芝麻　　　少许

- ☆ 酒　　　　1大匙
- ☆ 砂糖　　　1大匙
- ☆ 酱油　　　2大匙
- ☆ 味醂[1]　　1大匙

※ 放冰箱可保存3～4天。

② 起油锅放入芝麻油，油热后把①的食材拌炒
均匀。蔬菜熟软后，再把打"☆"的调味料
加入拌炒至入味。

吃起来很有嚼劲

想吃辣的话，
在一开始就放入辣椒一起拌炒吧。

最后撒上白芝麻拌匀就完成了！

1　味醂（**みりん**）：又称作味霖，是一种类似米酒的调味料，来自日本。味醂能有效去除食物的腥味、充分引出食材的原味，是不可或缺的调味料。

新年
一月一日

在元旦当天，到处都能听到"恭贺新喜"的问候声。虽然跟除夕只有一天之差，但不可思议的是，这天早上会感觉到身心灵就像重生一般。一年之计在于元旦，就让我们怀着愉快的心情，订立今年的新目标吧。

"松之内"指的是一月一日到一月七日（有些地区则到十五日）这几天，得挂上门松或注连绳等装饰门面，意指迎接年神的到来。这期间，年神会附着在门松上，因此初次参拜寺庙，必须在"松之内"这段时间内完成。并且在参拜完后，抽签看看今年年初的运势。讲到抽签，不禁让我想到曾经有外国观光客来问我，"小吉"和"末吉"代表的是什么意思？当时的我其实也分不清楚，情急之下用"S……Small lucky？""Little lucky？"回答了他们。虽然前后矛盾，但我相信很多日本人也分不清楚"小"和"末"到底哪个比较好。运势的排列由好到坏的顺序是"大吉→中吉→小吉→末吉→凶"。虽然会抽到最不好的签，可日本人都会以正面的态度思考，告诉自己"真好，绝不会比现在更坏了"或是"今年的灾难也都结束了"。

门松

新年期间用来
迎神的摆饰。

注连绳

为分隔神域与凡间之结界。清除旧年
的灾祸，祈愿它们不再来到家中。

① 橙
祈求家族代代繁荣昌盛。

② 圆饼叠
代表太阳和月亮，借以祈愿福
德交叠，福气安康。

镜饼

新年期间用来
迎神的供品。

③ 交让叶
意指世世代代延续下去。

④ 里白
旧的叶子还没掉落时，新的叶
子就长出来了，象征充满生命
力和长寿。

若水

新年的第一天早晨，汲取的水叫作若水。早期，年初一（凌晨 3 点到 5 点）人们会到
井口取水，在取水途中不可和别人交谈。据说若水可以消灾解厄，供奉神明后，可以
拿来饮用或烹调食物。

曙光

一月一日的日出称为曙光。迎接曙光的同时，期许新的一年健康幸福。一月一日称为"元日"，而元日的早晨则称为"元旦"。"旦"指的是太阳冒出地平线之际。

御年玉

俗称的"压岁钱"。原意是把年神的灵魂分给大家，因此长辈会将供奉神明的年糕分给晚辈。御年玉的"玉"指的是灵魂，直到江户时代（1603～1867年），才演变成年长者给小孩子压岁钱的习俗。

舞狮

身穿狮子头表演的传统技艺，人们相信舞狮有驱逐鬼怪的吉祥之兆，祈求新的一年无灾无难，平安度过。

初写

新年第一次用毛笔书写或绘画称为"初写"。一般都在年初二书写，写的内容必须在15日那天全部烧掉。据说，高高升起的火焰会让字写得更好。"初写"习俗源自平安时代（公元8～12世纪），当时宫廷在年初二这天开工，用若水来磨墨，写出许多有名的歌曲和文章。

初诣

迎接新年的同时，第一次到神社或寺庙参拜，称为"初诣"。在绘马板上写下愿望和目标，并领取象征吉祥的"破魔矢"，祈求新的一年平安幸福。

神社的参拜方式

参拜前，在"手水舍"洗净双手，净心洁身。

① 用右手拿勺子舀水，先洗净左手。

② 换左手拿勺子，再洗净右手。

③ 接着用右手拿勺子，将水倒在左手掌中，捧水漱口。

④ 将勺子竖起，让剩余的水从勺柄往下流，目的是清洗勺柄。

⑤ 最后把勺子放回原处，勺口朝下。

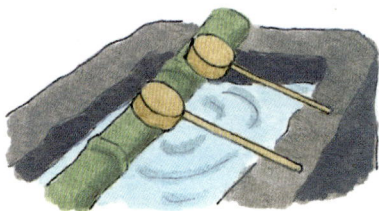

所有步骤必须使用同一个勺子，并且只能舀一次水

参拜

① 站立在拜殿前，摇铃向神明致意。

② 把香油钱放香油箱里。

香油钱要轻轻地放入

③ 二拜。

诚恳地鞠躬两次

④ 二拍手。

啪啪

拍掌两次

⑤ 双手合十。

一拜。

最后深深地一鞠躬

⑥ 一拜。

寺庙的参拜方式

参拜前，在"手水舍"洗净双手净心洁身（跟神社的方式相同）。

参拜 ※各个教派略有不同。

① 敲钟。

② 点香。

③ 把香油钱放香油箱里。

④ 双手合十。

大部分的寺庙，参拜者是不敲钟的，必须先确认

跟神社不同的是，不必拍手，轻轻地合掌即可

031

贺年卡

日本人在年初时，习惯寄贺年卡来问候与感谢关照自己的人。在卡片上，大多印有新的一年的生肖图案。

什么是干支

干支源自中国古代。在现代，大家都知道自己是属什么生肖，相差十二岁的人也都以相差一轮来形容。然而，严格来说，干支不单单指十二生肖。"十干"和"十二支"是一个单位的组合，正式名称为"十干十二支"，经特定的方式组合成六十对而循环。

何谓十干

十干	五行	阴阳	读法[1]
甲	木	阳（兄）	木兄
乙	木	阴（弟）	木弟
丙	火	阳（兄）	火兄
丁	火	阴（弟）	火弟
戊	土	阳（兄）	土兄
己	土	阴（弟）	土弟
庚	金	阳（兄）	金兄
辛	金	阴（弟）	金弟
壬	水	阳（兄）	水兄
癸	水	阴（弟）	水弟

一个月以十天为一个单位，可分为三等份。这十天是以十个文字作为代表（甲、乙、丙、丁、戊、己、庚、辛、壬、癸），还有"五行说"（五行由木、火、土、金、水这五个元素组合而成）和"阴阳道"〔分为阳（兄）和阴（弟）〕。

何谓十二支

木星绕着太阳转一圈大约是十二年，一圈 360 度可分为十二等份，每个方位以动物的名称代表。"十干"和"十二支"搭配成六十个组合，因此"十干十二支"简称为"干支"。

---

1 此处是日本的读法，与中文的读法不同，中文读每个字的读音即可。

“十干十二支”的六十个组合

① 甲子	② 乙丑	③ 丙寅	④ 丁卯	⑤ 戊辰	⑥ 己巳	⑦ 庚午	⑧ 辛未	⑨ 壬申	⑩ 癸酉
⑪ 甲戌	⑫ 乙亥	⑬ 丙子	⑭ 丁丑	⑮ 戊寅	⑯ 己卯	⑰ 庚辰	⑱ 辛巳	⑲ 壬午	⑳ 癸未
㉑ 甲申	㉒ 乙酉	㉓ 丙戌	㉔ 丁亥	㉕ 戊子	㉖ 己丑	㉗ 庚寅	㉘ 辛卯	㉙ 壬辰	㉚ 癸巳
㉛ 甲午	㉜ 乙未	㉝ 丙申	㉞ 丁酉	㉟ 戊戌	㊱ 己亥	㊲ 庚子	㊳ 辛丑	㊴ 壬寅	㊵ 癸卯
㊶ 甲辰	㊷ 乙巳	㊸ 丙午	㊹ 丁未	㊺ 戊申	㊻ 己酉	㊼ 庚戌	㊽ 辛亥	㊾ 壬子	㊿ 癸丑
(51) 甲寅	(52) 乙卯	(53) 丙辰	(54) 丁巳	(55) 戊午	(56) 己未	(57) 庚申	(58) 辛酉	(59) 壬戌	(60) 癸亥

与“十干十二支”相关的事物

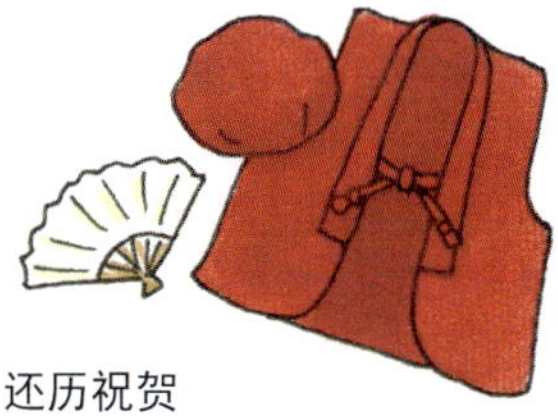

还历祝贺

在日本，满六十岁称为“还历”。因为“十干十二支”六十年循环一次，代表再次回到出生那一年同样的干支。

戊辰战争

日本历史上的一次内战发生在 1868 年，刚好是戊辰年。

甲子园球场

球场是在大正十三年（1924 年）完成，那一年正是十干十二支最初的第一年，所以取名为甲子园球场。

岁时记趣事　十二生肖的竞赛

记得小时候，对于十二生肖的由来总有些有趣的想法，譬如为什么十二生肖里面有狗而没有猫呢？传说玉皇大帝为了决定十二生肖的顺序，昭告所有的动物在年初一早上来神殿报到，按照先来后到决定十二生肖的顺序。步履蹒跚的水牛前一天就出发了，老鼠则坐在水牛的背上，快到终点时一跃而下，老鼠便成了第一位，接下来是牛、虎、兔、龙、蛇、马、羊、猴、鸡、狗、猪，十二生肖就此决定。至于猫呢？原来狡猾的老鼠故意骗它晚了一天，才使猫没能报到。到了第二天，玉皇大帝对猫说：“回去洗脸后再来吧！”据说自此以后，猫常常做出像洗脸的动作，再加上猫恨死了老鼠，与老鼠结下了不解之仇，一见到老鼠便穷追不舍。

初梦

在新年时做的第一场梦，称为初梦。按照日本的传统说法，初梦的内容可以预知做梦的人未来一整年的运势。

一富士、二鹰、三茄子

关于初梦是年初一或是年初二所做的梦的说法众说纷纭，但我认为并非每天都会做梦，所以只要是新年做的第一个梦就叫作初梦。日本民间风俗用"一富士、二鹰、三茄子"（日文中，富士的谐音是"不死"，代表不老长寿；鹰的谐音是"高、贵"，象征出人头地；茄子则有心想事成、子孙繁衍的意象）来描述初梦的吉利程度。紧接三后面的还有"四扇、五烟草、六座头"。在古时，座头泛指按摩或弹奏琵琶的盲人，初梦梦到这些的人应该不多吧！

从室町时代（公元 14～16 世纪）开始，为了做个好梦，人们将七福神乘宝船的图画放在枕头下，然后安心地睡去，也有将回文"破浪宝船的庄严声音，唤醒永世沉睡的芸芸众生"（なかきよの　之おのね子りの　みなめざめ　なみのり子ね　お之のよきかな）写在图上。所谓回文，是从左念到右，或从右念到左，都是相同的句子。不断地念回文，好运就会源源不绝地到来。

这样就万无一失了吧

七福神

"七福神"在日本信仰中被认为是带来福气的神明，乘坐宝船运送福分的七尊神明。

惠比寿

右手持钓竿，左手抱鲷鱼。守护渔业、农业，带来繁荣商机的神明。

大黑天

手持木槌，财富、福德厨粮之神。

辩才天

七福神中唯一的女神。象征美学、音乐、艺术、学问的神明。

昆沙门天

七福神中唯一的武将姿态，除厄消灾的神明。

福禄寿

身材矮小，长头长胡须。福德、人德、长寿之神。

寿老人

常有鹿伴随身旁。健康、长寿、幸福之神。

布袋和尚

常背着一只布袋，笑口常开。开运、夫妻恩爱、子孙满堂之神。

年菜

日本称为"御节料理"。御节，原本指节气转换时做的料理，如今指的是为了新年所做的料理。为了迎接神明的到来，在除夕当天，必须把新年头三天的食物备妥，避免在新年期间，做家事或制造噪音，免得惊扰到年神。年菜全是象征好兆头、不易腐坏的料理。

①金堆

金黄色的外观，象征财富。祈求新的一年财源广进。

②耕田

农家会把沙丁鱼干撒在田里当作肥料，所以又称为耕田。故有祈求五谷丰收、万事顺利之意。

③伊达卷

伊达有华丽的意思，绸缎的形状象征不愁穿。

④芋头

在土里生长的众多小芋头，象征儿孙满堂、绵延不绝。

⑤ 虾子

虾弯曲的腰身，承载人们对长寿的心愿。

⑥ 莲藕

莲藕布满许多洞的外观，象征能够透视未来，前途一片光明。

⑦ 黑豆

"豆"是勤奋的日文"まめ"（ma.me）的谐音字。祈许在新的一年，能够身体健康、勤奋地度过每一天。

⑧ 鰤鱼

祈愿步步高升，出人头地。

⑨ 昆布卷

"昆布"是高兴的日文"こぶ"（ko.bu）的谐音字。

⑩ 鱼卵

鱼卵的数量多，象征多子多孙、家运昌隆。

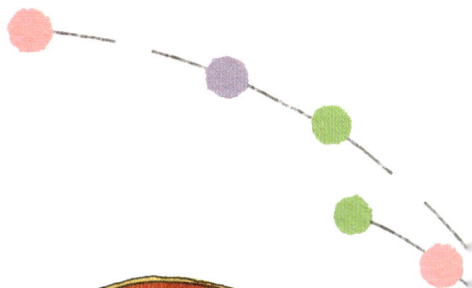

屠苏

　　日本人在享用御节料理前，会喝屠苏酒。喝时必须从年少者开始依次到年长者，饮用屠苏酒三次，意指返老还童，更加长寿，也可驱邪避凶。屠苏酒是由数种药草（山椒、橘皮、肉桂皮等）浸泡在酒或米醋里酿制而成。正式的名称为"屠苏延命散"。屠苏的意思是屠灭鬼气，苏醒人气。

杂煮

　　新年期间，会将年糕（类似台湾的麻糬）摆在家中的神桌上供奉，迎接年神的到来，祈求新的一年平安度过。杂煮的食材和味道因区域而不同。

祝贺筷

　　祝贺筷的两端较细，一边给人使用，另一边则给神明使用，意谓人神相通。除夕当天，家中长辈会把家族成员的名字写在装筷子的纸袋上，然后放在神桌上供奉。在新年的头三天使用这双筷子，用完餐后洗干净，再放回袋中。

一盘年菜

过了二十五岁之后，我开始接触每年例行的活动和习俗。其中，无法得心应手的就是做年菜，尤其是重箱（一层一层的箱子里摆放年菜）。要把诸多料理摆放得美观、可口，着实有难度。

结婚后第一次到婆家过新年时，婆婆准备了丰盛的年菜，用黑豆和红、白两色鱼板摆设出的可爱样式，加上其他年菜，每个人都有一盘精致华丽的菜肴，这种一人一份的形式被称为"一盘年菜"。这才让我体会到，保有传统的年菜是可以依照自己的喜好陈列的，就算是外面贩售的年菜，只要稍加花点巧思，也能成为充满新年氛围的一盘年菜。吃不了这么多年菜的话，这样精致又美味的一盘年菜是不错的选择。

① 伊达蛋卷

下面用南天竺的叶子或其他点缀。

② 煮物

莲藕和胡萝卜切成花的形状，魔芋编成麻花状炖煮。

③ 香柚鱼卵

从柚子三分之一的地方用菜刀割成锯齿状，
把里面的果肉挖空放鱼卵，
用柚皮作为盛装器皿。

④ 黑豆

用松树叶穿起来。

⑤ 昆布卷

切短，切口朝上。

鱼板蝴蝶切法

① 鱼板厚切
5～6mm。

② 对切一半，
从 A 的地方
深切一刀。

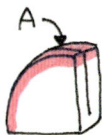

③ 从 B 和 C
的地方也
深切 2mm。

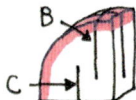

④ 把 A 撑开，
在 ★ 的地方
将 C 插入。

这样就完
成了！

就像许多年菜，都是取谐音来表示。当我把钱放入香油箱时，一定会在心里默念"祈求善缘"（十分にご縁がありますように），然后丢进十五日元。日文"十・ご"和"十五"发音相同，其他还有很多有趣的谐音表达方式……

"猫头鹰" → "不会劳苦"
ふくろう→不労苦（hu.ku.ro.u）

"狸" → "拔除其他，商业繁盛"
たぬき→他抜き（ta.nu.ki）

春夏冬二升五合 → 商业繁盛
"春夏冬" → "无秋（秋無い）" → "买卖（商い）"（a.ki.na.i）
"二升" → "两个升（升が二つ）→ "升升（升升）"（ma.su.ma.su）
"五合" → "半升（半升）" → "繁盛（繁盛）"（ha.n.jyo.u）

胡萝卜花瓣的切法

① 胡萝卜厚切 7 ~ 8mm，在边缘五个角的地方画 V 字形切除。

② 如同花瓣，角的地方修成圆角。

③ 在点线的部分深切 1 ~ 2mm。

④ 表面斜切削除，使花瓣有立体感。

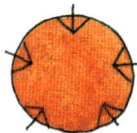

莲藕花瓣的切法

① 莲藕厚切 7 ~ 8mm，在边缘五个角的地方画V字形切除。

② 如同花瓣，角的地方修成圆角。

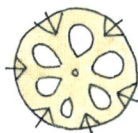

魔芋麻花结做法

① 魔芋厚切 7 ~ 8mm，上下各留 10mm，切穿中间的地方。

② 从一边往切开的空隙穿过去后翻过来。

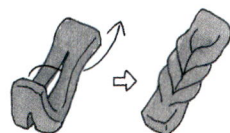

039

新年余兴游戏

在我小的时候，新年的那三天店家不做生意，讲到娱乐，就只有传统的纸牌游戏或"百人一首"等，每年和家人同乐玩得不亦乐乎。现在，有新的游戏机可玩是件很开心的事，但总觉得在新年期间还是玩些传统的游戏比较应景。

打羽球

用毽球板向上击打羽毛毽子，互相对打。把羽毛毽子打掉的一方，则罚在脸上涂墨水。

笑福面

拿出一张纸，画上人的轮廓，再拿出事先做好的眼睛、鼻子、嘴巴和眉毛等，依照心中想象的样子放上去。因为玩的人眼睛被遮住，往往完成的杰作既逗趣又好笑。据说大家的笑声能吸引福神上门。

哇哈哈！

笑声不断，幸福、福气自然会来

抢纸牌

根据读牌人念出的内容，寻找与之相对应的纸牌，抢到最多张的人获胜。念出"百人一首"的上联，则要找到对应的下联。

打陀螺

大家同时卷好绳子，把陀螺用力甩出，看谁能让陀螺旋转最久则胜出。

久方的……

有了！

放风筝

风筝随着风的方向往天空翱翔，据说在立春之际往天空看，是一种养生的方法，新年的时候，抬头看看天空也很健康。

用塑胶袋做塑胶风筝

材料

- 塑胶袋　　平放时长度必须为22cm左右
- 风筝线　　约140cm长的线　（线可用纸卷筒卷起来当卷轴）
- 透明胶带、剪刀、竹签

① 将袋子的上下沿虚线剪下。

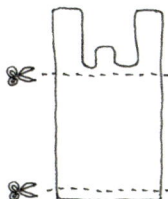

② 如图两侧用透明胶带封闭。

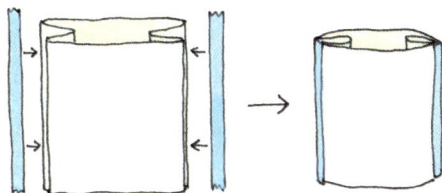

③ 拉开一边，沿虚线剪成三角形。

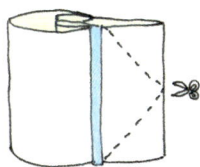

④ 在三角形的两端，用透明胶带补强。

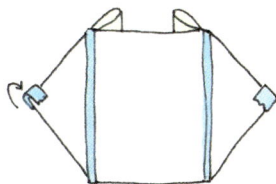

⑤ 补强的部分用竹签戳个小洞。

可用油性笔在上面画图案，会更有趣呢

⑥ 用线穿过小洞并打结。

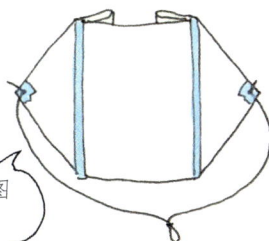

卷轴的线须拉紧。随着风，线会越拉越长，风筝也会越飞越高。

在新年的时候，破魔矢或护身符等能带来平安、幸福的吉祥物，称为"缘起物"。

绘马

在一块木板上写下自己的心愿，或是在心愿达成时，作为供奉寺庙的谢礼。原本求神谢神时，供奉寺庙的是一匹骏马，后来改为在木板上画上一匹马，演变至今，图案出现了各式各样的动物。

达摩

禅宗的祖师，又称为"达摩大师"。就算倒下也会立马再起，正合不倒翁的美誉。祈祷心愿能够实现时，把左眼涂黑，等到心愿实现时，再把右眼涂黑后供奉寺庙。

护身符

有祈愿合格、恋爱成就、交通安全、祈愿安产等各式各样的护身符。随时携带，满一年后把护身符拿回去寺庙，请庙方烧掉。

一般挂在神桌或客厅等显眼处作为装饰品

破魔矢

新年时，在寺庙祈福后所得到的祝福装饰物，意指消灾解厄，一整年幸福平安美满。

招财猫

右手举起，象征招财进宝、开运纳福；
左手举起，象征广结善缘、客人络绎不绝。

人日节
一月七日

新年期间，最担心的莫过于体重失控，接连几天的丰盛佳肴，不但身形变圆润，也造成肠胃负担。这个时候，日本人会来碗"七草粥"，让肠胃的疲劳感获得舒缓。七草粥是一种加了七样春天的食草所熬煮而成的粥，一月七日这天也称为"人日节"，和女儿节、七夕等并称日本五大节日。

依据中国古代神话，称一日"鸡"、二日"狗"、三日"羊"、四日"猪"、五日"牛"、六日"马"、七日"人"、八日"谷"，意指当天的天气能够占卜未来一整年的运势。在一月七日"人"这天，食用七草粥是自古传承下来的习俗，享用七种食草熬煮而成的七草粥，吃完后能够无痛无病，平安度过新的一年。

春天的七种草

水芹
富含丰富的铁质和维生素C。

荠菜
又名地菜，对贫血、止血有良好的效果。

鼠曲草
具有预防感冒、解热的功效。

繁缕
富含丰富的蛋白质。

宝盖草
外形像蒲公英，富含丰富的膳食纤维。

芜菁
俗称大头菜，具有改善胃病和养颜美容的功效。

白萝卜
具有帮助消化、杀菌的作用。

水芹荠菜、鼠曲草、繁缕、宝盖草、芜菁白萝卜，春天的七种草，配合"4、5、3、5、7"的节奏，有助于记住喔

七草粥的食谱

为保持七种叶菜的新鲜度，前一天或当天购买较佳

材料（2人份）

- 白米　　1/2 杯
- 水　　　2 杯半
  （白米的 5 倍）
- 七草　　一组
  （日本量贩店有卖配好的）
- 盐　　　适量

① 把洗好的白米和水放进锅里，静置 30mins 左右。

② 开大火煮至沸腾后盖上锅盖，再用小火煮 20～30mins。

③ 大头菜和白萝卜洗净后，切成 3mm 厚的薄片入锅煮熟。其余五种叶菜洗净后烫熟，切成适当的大小。

④ 待白粥煮好后，依个人喜好加盐调味，再把③的七种菜倒入搅拌。

放入日式汤头或鸡汤，味道更加甘甜美味。

能让饮食过度的肠胃得到适度休息

没办法买齐七种菜的话，只有大头菜或白萝卜的一草粥也别具风味。

开镜饼
一月十一日

一月十一日称为"开镜饼日"，开镜的意思是把新年期间供奉年神的镜饼打碎食用，祈求无病无灾的仪式。镜饼不能用刀刃切割，因为"割"是不吉利的象征，所以要用木槌敲碎，是"开"的意思。把饼形容为镜的原因是因为古代的铜镜和饼一样，都是圆形的。

用镜饼和红豆罐头做前菜

① 把年糕放烤箱烤。

材料（2人份）

● 煮好的红豆罐头
（现成的市售罐头，约200g）

● 水　（和红豆等量）

● 盐　少许

● 年糕　适量

② 把红豆罐头倒入锅内，再用空罐装等量的水，倒锅内开火。

③ 放入盐，慢慢搅拌均匀。

④ 倒入碗里，再把烤好的年糕放在上面。

想更丰盛，也可加入栗子甘露煮

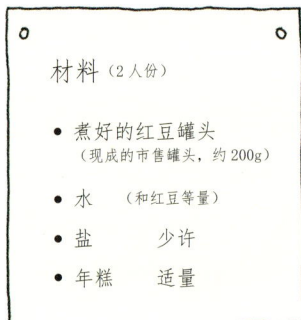

小正月
一月十五日

　　为什么日本在新年的头三天都是吃预备好的年菜呢？有人说是为了"不要让媳妇进厨房劳动"，但事实上是为了能共享家族全员团聚的天伦之乐，还因为忙着拜访亲朋好友而非常忙碌。在古代，新年期间忙得不可开交的媳妇，能返回娘家的日子就是一月十五日。

　　一月十五日是"小正月"，也称为"女正月"，是让妇女休息的日子。这一天还有两个习俗，其中一个"早饭吃加入年糕的红豆粥"意味着消灾解厄，祈求新的一年健康、平安，时至今日，仍有很多地区保有这个习俗。

　　另一个则是在日本各地举行的"爆竹烧"，有的地方称为"左义长"或"斋藤烧"，随区域的不同而名称各异。人们会在空旷的地方烧掉所有新年期间的装饰品和初写，以祈求新的一年健康、平安。据说在元旦莅临的年神，会在这天随着烧起的黑烟回驾升天。"松之内"（指新年装饰门面的门松期间）到什么时候，各地有不同的说法，最早的说法是到十五日，近年则说是到食用七草粥的七日。看着袅袅上升的黑烟，新年的氛围在小正月正式画下句点，进入新的一年，心中不禁燃起希望之光！最后借用余火，将年糕或芋头烤熟，享用最后的美味吧。

成人礼

一月的第二个星期一是成人礼，这天日本的街道上到处可见年满二十岁的青年男女身着华丽的和服或套装，正前往参加庆祝成为大人的仪式。记得成人礼那天，我穿着喜欢的和服去参加仪式，很可惜那天下着大雪，所以只好取消去会场，在途中换上了雪衣，和小时候的玩伴一起到附近的公园，像孩子般玩起打雪战。明明是庆祝进入人生的另一个阶段，怎么就起了童心未泯之心了呢？这是我一辈子都不会忘记的回忆！

进入社会，无可避免地会遇到许多严苛的考验，唯有自我鞭策，全力以赴。如今回想起成人礼那天下的那场雪，也许是上天送给我的成人礼礼物吧。

迎接一生中各阶段的成长礼仪

以成人礼为首，日本人在一生中必须经过许多仪式，这些仪式称之为"成长礼仪"。

御七夜

婴儿在出生的第七天，有个命名仪式。在纸的中央写上所取的名字，左边写上出生年月日（双亲用毛笔书写最为正式），放在神桌下或是贴在客厅较明显的地方。

神宫参拜

感谢婴儿的出生，同时祈求平安健康地长大。参拜时间男女不同，男婴在出生后第三十二天，女婴则在第三十三天前往参拜的较多。

开始进食

出生后的第一百天举行的进食仪式，会准备红豆饭或整条鲷鱼和小石子（期许牙齿、头壳如同石头般坚固生长），期许一生都不愁吃。

七五三

庆祝七岁、五岁、三岁，会到神社参拜。小男孩逢五岁，小女孩则三岁、七岁，大多数会在小女孩七岁时再庆祝一次（详见P256）。

成人礼

迎接二十岁的到来，日本各个市区乡镇都会举行祝贺仪式。

结纳

即为订婚，当男女双方决定结婚时，两家互赠礼物订下婚约。

祝言

结婚仪式上，在神的面前誓约，或在先祖神祖牌位前报告结婚一事。

婚宴

与亲朋好友分享喜悦而聚在一起的宴会。

除厄

在多灾多难之年，到寺庙参拜除厄运，类似"安太岁"。

厄年 ※厄年采用虚岁算法，过了新年后再加一岁。

男性

前厄	本厄	后厄
24 岁	25 岁	26 岁
41 岁	42 岁	43 岁
60 岁	61 岁	62 岁

女性

前厄	本厄	后厄
18 岁	19 岁	20 岁
32 岁	33 岁	34 岁
36 岁	37 岁	38 岁

长寿的祝贺

60 岁　还历
送上红色头巾和棉坎肩以表祝福。

70 岁　古稀
源自唐朝诗人杜甫的《曲江》中的 "人生七十古来稀"
（在古代能够活到七十岁是件不易之事）。

77 岁　喜寿
"喜"的草书写成三个七，七的相叠看起来像"七十七"。

80 岁　伞寿
"伞"的简写"仐"拆开来看是"八"和"十"。

88 岁　米寿
"米"看起来像是"八十八"。

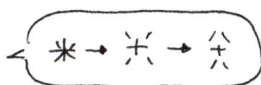

90 岁　卒岁
"卒"的简写"卆"拆开来看是"九"和"十"。

99 岁　白寿
把"百"中去"一"，就变成白，故为 100-1=99。

100 岁　百贺
和字面意思一样，祝贺百岁。

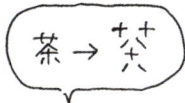

108 岁 茶寿
"茶"拆开来看是"十""十""八十八"，故为 10+10+88=108。

111 岁 皇寿
"皇"拆开来看是"白（99）""十二"，故为 99+12=111。

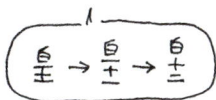

120 岁 大还历
第二次还历之年。

大寒
一月二十日顷

　　大寒是一年中最酷寒的时候。据说在大寒这天早上所汲取的水杂菌最少，就算放一整年还是一样清澈，因此常被用来制作味噌、酱油、酒等酿造品。在大寒这天早上，别忘了喝一杯水，让一整天都充满活力喔。

　　记得小时候，在这寒冷的季节里，走在雪地中，看到沿路的屋檐上结了很多冰柱，就把它折断拿来吃呢。还有，就算是夹杂泥土的薄雪，也要做个雪屋来玩玩。在四季分明的日本，有许多美丽的景色，只有亲身感受、体会方能意会。

雪的各种名称

风花

风吹过来，白色的清雪像一朵朵小花在空中翩翩飞舞。形容山上的积雪被风一吹的现象。

粉雪

像粉一样松散的雪珠子。

松软样貌

牡丹雪

像牡丹花的花瓣一样的鹅毛大雪。

粗雪

一下微融、一下又冻结，反复无常的粗雪。

咯吱咯吱的声响

垂雪

从树枝等落下的雪。

砰然声

打雪仗

把雪揉成球团，相互投掷。

雪洞

用雪堆积固定，挖个洞做成的雪洞。原用作摆放祭坛来供奉神明，现今演变成在里面边烤麻糬边饮用甜酒。

堆雪人的做法

① 把雪揉成球团状，先由小的开始做起，再把小的凑在一起放在雪地上滚动，这样雪球就会越来越大。

② 身体的部分用较大的雪团，头的部分则用较小的雪团，然后重叠在一起。

③ 运用唾手可得的材料，如树枝或蔬菜等装饰头部。

雪兔的做法

① 把雪揉成椭圆形，两侧稍加固定。

② 南天竺的果实当眼睛，树叶当耳朵，一只雪兔就完成啦。

二月

如月

二月有许多的称呼说法，天气尚冷，仍需多穿衣服，称为"衣更着"；季节由冬转春，此时大地草木复苏，称为"生更木"；嫩叶发芽称为"草木张月"。此外，也有人称为"梅见月""初花月""雪消月"。

2月

1

2

3 日（左右）　节分

4 日（左右）　立春（二十四节气）

月历上，
这日起便是春天

5

6

7

8 日　忌针节

9

10

11 日　纪元节

建国记念日

12

13

14

15

16

17

18

19 日（左右）　雨水（二十四节气）

冰雪融化，
开始降雨

20

21

22

23

24

25

26

27

28

（29）闰年时

二十四节气　　　　　其他仪式或习俗

虽然已经迎接立春的到来，但是天气依旧寒冷，下雪的概率还是很高，丝毫感觉不到春天的气息。当动植物还在跟寒冷奋战时，梅花已经悄悄地盛开。日本诗人松尾芭蕉的得意门生服部岚雪的徘句里提及"梅一朵／朵朵开越发温暖"，意指随着梅花一朵一朵地绽放，天气也渐渐暖和，正是这个时节的写照。梅花的花瓣虽然小巧，却散发出高贵的香气，当典雅的梅花绽放时，便能确信春天已经到来。梅花坚忍耐寒，常常被拿来形容不管在多么困难的环境下，都能笑脸迎人的人，勉励人们向梅花看齐。

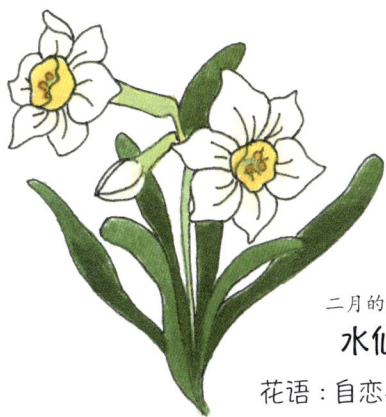

二月的诞生花
水仙花
花语：自恋、自我陶醉

二月
当令食材

西太公鱼

湖上结了一层厚厚的冰，在打着小洞的冰面上钓西太公鱼是这个时期特有的景象，做成天妇罗或腌渍物都美味可口。骨头可以食用，能补充钙质。

小松菜

富含丰富的钙质，铁元素，维生素 A、B₁、B₂、C，叶绿素，以及膳食纤维等绿黄色蔬菜，小松菜的营养价值和菠菜相似，然而钙成分约是菠菜的 5 倍，没有苦涩味，可直接生食。

营养满点！蒜炒小松菜

① 把小松菜洗净，切成 5cm 左右长，蒜头切成 4 等份，把芽去除，辣椒切成轮状。

蒜芽容易焦黑，去除较好

材料（2 人份）

- 小松菜　　　　1 把（约 200g）
- 蒜头　　　　　3 瓣
- 芝麻油　　　　1 大匙
- 辣椒　　　　　1 根
- 盐、胡椒　　　少许

② 将芝麻油、蒜头、辣椒放平底锅，用小火爆香。

蒜头不要炒到焦掉

③ 当蒜头炒至金黄色时，加小松菜开大火热炒，放盐和胡椒，搅拌均匀至入味。

小松菜不宜炒太久

金橘

金橘富含丰富的维生素C，不但能预防感冒，还有止咳化痰的效果，常常被拿来做成喉糖，因此有"流行感冒时金橘卖得好"一说。金橘皮也有营养素，建议连皮一起食用。

好吃又可预防感冒！金橘甘露煮

材料
- 金橘　　300g
- 砂糖　　150g

① 把金橘洗净，沥干水分，用菜刀间隔5mm纵切，再用竹签把蒂去除。

从横切面中，用竹签把籽挑出，较容易食用

② 热水煮沸放金橘，用大火煮约3mins后倒入筛网。

用热水烫，去除苦涩

③ 再把金橘和砂糖放锅内，把水加到能完全浸泡的水位，开火煮滚后转小火，顺便把涩味去除，煮约15mins至变软。

④ 金橘煮到汁全部入味，颜色变透明状就表示完成了，等到冷却后再放入玻璃瓶内保存。

放入冰箱可保存一个月左右

泡热开水就是金橘茶，或者加到优酪乳中也很美味。

节分
二月三日顷

在节分的那天晚上，全家人一边撒豆子，一边喊"福进来、鬼出去"。通常都是爸爸戴着鬼怪的面具，对着暗处撒豆子。明明只能吃和自己年龄相同数量的豆子，但仍不懂事的儿时，总会无理地要求爸妈让自己吃比自己岁数还多的豆子。

事实上，一年中有四次节分，节分意指季节交替的日子，在立春、立夏、立秋、立冬的前一天称为"节分"。依照旧历，立春是一年的开始，因此特别受到重视，所以讲到节分，大部分指的是春的节分，贺年卡上写着"初春""迎春"，代表告别元旦的意思。

如果说立春是新的一年的开始，那节分就像除夕一样，撒豆子驱除厄运，迎接好运的到来。

撒豆子

原本是由年男[1]或一家之主，一边撒炒好的黄豆，一边喊"福进来、鬼出去"。如今已没有特别规定，家中的任何一个成员都可以撒豆子。

除了撒豆子之外，还要吃下与自己虚岁年龄相等的豆子，祈求身体健康，长生不老。

惠方卷

惠方卷指在节分这天吃下就能带来好运的一种寿司卷。吃惠方卷时必须对着每一年福神所在的方向，静静地一口气将惠方卷吃完。而每一年福神来到的方位，随着干支而有所不同。这是在江户时代末期始于大坂的习俗，后来在公元2000年时传到了日本各地，演变成全日本的习俗。

① **惠方卷**
把福气卷进来。

② **直接食用**
不能用刀子切开，意思是不会把机缘切断。

③ **食用时不可说话**
食用时，在心中默默地许下愿望。

1　年男：指生肖刚好跟那一年相同的男子。

节分的装饰物

　　用带有刺的柊叶树枝，穿过沙丁鱼头插在玄关附近，以便驱赶厄运，据说柊叶的刺和沙丁鱼头的臭味可以祛除屋内的秽气。在古代，鬼怪居住的鬼门（东北）种有柊树，背面避忌的方向（西南）种有南天竺，这是让鬼怪不敢靠近的习俗。南天竺的日文听起来像"扭转灾难"，因此被认为是避邪的树木。至今仍有在庭园里种植南天竺的习惯。

惠方卷的做法

内馅代表七位福神的七种食材，并没有特别规定种类，依喜好搭配吧！

① 内馅尽可能切细条状，更易于卷动。

```
材料（2 人份）

● 内馅
（玉子烧 、星鳗、小黄瓜、香菇、樱花粉、
葫芦干、鲜虾等）

● 醋饭　　1 杯份
（1 杯分量的饭与约 30CC 的醋混合）

● 寿司海苔片　　2 片
```

② 准备卷帘（保鲜膜亦可），把海苔放在上面，在海苔的里侧留约 2cm 的空隙，醋饭平均铺平后放入内馅。

诀窍是海苔边不铺醋饭

③ 从靠近自己的这一边，一口气往上卷起。

完成！

鬼指偶的做法

① 对折成三角形。

② 沿虚线往内折。

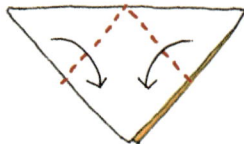

③ 沿虚线再往上折，做出耳朵。

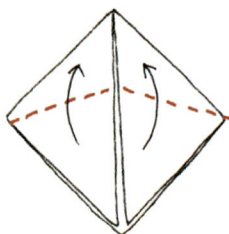

④ ★处只取一片沿虚线往上折。

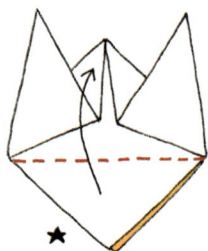

⑤ 翻面后，左右两边沿虚线往中心线折。

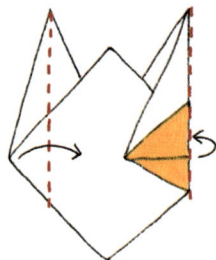

⑥ 上下打★的地方沿虚线折合对齐。

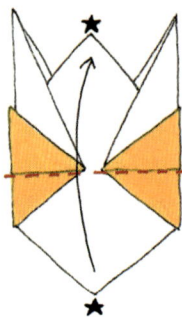

⑦ 沿虚线往下折。

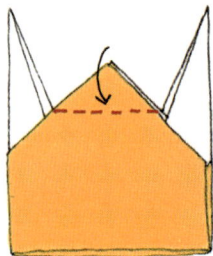

⑧ 翻面并画上脸部，就完成了。

其实这是有根据的喔！

"鬼门"指的是东北方向，这个方向在十二支里正是"丑寅"。正因为如此，鬼拿着"丑"的角棒，穿着"寅"的老虎纹裤子。童话故事中的桃太郎，为了击退鬼怪，和小狗、猴子及稚鸡并肩作战，而这三只动物刚好是鬼门的相反方向"戌"（狗）、"酉"（鸡）、"申"（猴子）。

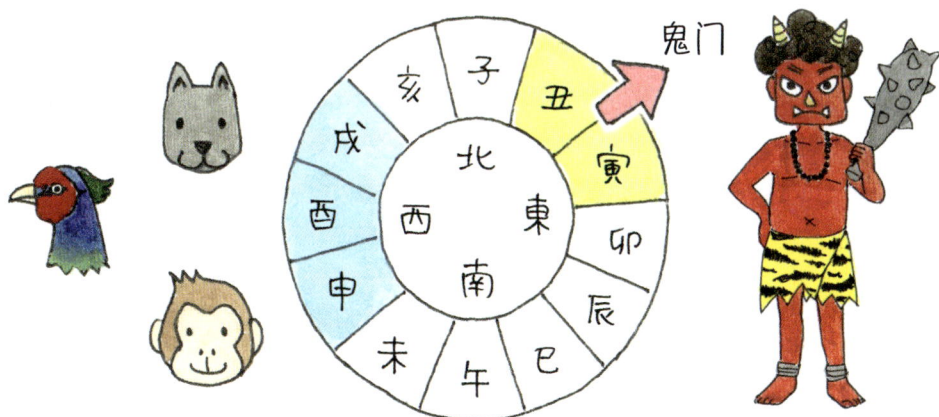

每只恶鬼的脸部颜色都有含义，红色代表"贪婪"；蓝色代表"愤怒"；黑色代表"愚痴"；黄色代表"骄纵"；绿色代表"傲慢"。人世间的各种情感和丑态，都可以用颜色来代表。

贪婪　　愤怒　　愚痴　　骄纵　　傲慢

立春
二月四日顷

　　正当感觉到大清早的寒意时，听到电视机传来的天气预报声音"今天是立春的日子，从月历上来看，今天开始就是春天了"。仍是如此寒冷的天气，却说春天已经来了，实在诡谲。

　　原因在于立春是二十四节气里面的第一个节日，旧历历法上立春即代表新的一年的开始。

　　很多节日都是以立春作为基准的，从立春开始算起的第八十八天，是采收"八十八夜新茶"的最好时机，第二百一十天的"二百一十日"与第二百二十天的"二百二十日"则是台风的警戒时期。在这期间，吹的"春一番"指的正是从立春开始到春分这期间，头一次吹起的强烈南风。当南风吹起时，意味着春天即将到来。

风的名称

　　在日本光是形容风的名称，就有两千个以上。据说这些名字都是农民或渔夫作业时，感受到风的影响而产生的灵感。

春一番

从立春到春分期间，头一次刮起的强烈南风。

花信风

在风和日丽的春天所吹的风，带有开花音信的微风。

黑南风

天气阴暗的梅雨季节所吹的风。

薰风

初夏吹的暖和东南风，当风吹过时能闻到新叶散发出的香气。

野分

指台风。第二百一十日、二百二十日前后，足以把草木吹倒的强风。

空风

冬天吹的不带雨雪的干冷强风。

木枯风

初冬时会把树叶吹到凋零，剩下枯木的寒风。

落山风

寒冬时从山上吹下来的强风，例如"富士落山风""六甲落山风"等。

初啼

虫鸟在年初时，第一次的鸣叫声称为"初啼"。这个季节走在路上，就算在都市中也会无意间听到"Ho—Ho·k·kyo"黄莺优雅的鸣叫声，闻声寻找许久，仍不见它们的踪迹，但黄莺的鸣叫声仿佛诉说着"春天来了"，因此黄莺又称"报春鸟"。

"Ho—Ho·k·kyo"是人们形容鸟儿鸣叫的声音，实际上听到鸟的鸣叫声时，却有种似像非像的感觉。在赏鸟的同时，一边聆听鸟的鸣叫声，一边想想和哪句话形成谐音，是件有趣的事啊。

听听看，这些鸟儿在说话呢……

Ho—Ho·k·kyo
（妙法莲华经）

黄莺

Te·t·Pen·ka·ke……
（天边驱）

杜鹃鸟

Bu·t·bo·u·so·u
（佛法僧）

角号鸟

I·t·pi·tsu·ke·i·jyo·u·tsu·ka·ma·tsu·li·so·u·ro·u
（一笔启上仕候）

山麻雀

Bo·ro·ki·te·ho·u·ko·u
（褴褛衣着奉公）

猫头鹰

※ 因鸣叫声和日文发音相似。

069

忌针节
二月八日

对于使用针线的人来说，忌针节这一天不能做针线活，必须让针休息一天，把这一年用过或折断的缝纫针拿到寺庙上供，以祈求缝纫技术更加精进。

在古代，针线活是女人不可或缺的工作，忌针节习俗的目的是感谢使用的物品与爱护使用的道具。忌针节于二月八日（有些地区则是十二月八日）举行，供奉的方式有别于一般形式，神社会准备豆腐或魔芋让参拜者插针，意味着让平时插在硬物上的缝纫针得以休息。

举办忌针节有名的神社

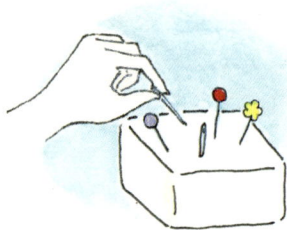

浅草寺（东京·浅草）

若宫八幡社（名古屋市）

正受院（东京·新宿）

法轮寺（京都市）

荏柄天神社（镰仓市）

大平寺（大坂市）

保养、收纳的小诀窍

把针吸附在裁缝箱里的磁铁上，就不用担心找不到针了喔。

针若变得不容易穿过布料的话，只要用干肥皂摩擦，针就会恢复到原本的平滑状。

🌿 环保又可爱的针线包

① 碎布剪成圆形，直径 9cm。沿边缘缝波浪状。

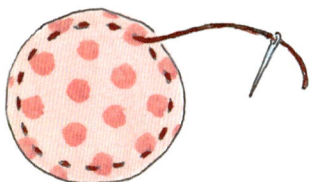

塑胶瓶盖变身为可爱的针线包

② 塞满棉花，用线缝合。

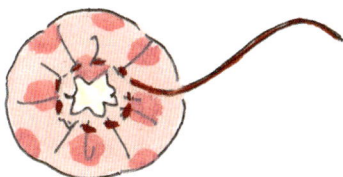

材料（一个）

- 塑胶瓶盖　1 个
- 碎布　　　约 9cm×9cm
- 棉花　　　适量
- 缝纫线　　适量
- 缎带　　　约 10cm（宽 13~15mm）

③ 瓶盖涂满黏着剂，把②塞入。

待黏着剂干燥，用橡皮筋固定 30mins 左右

④ 再把瓶盖的周围涂上黏着剂，贴上缎带。

用蕾丝也很可爱喔！

初午

二月的第一个午日，称为"初午"。掌管农耕的神明又称为"仓稻魂神"，于这天降临稻荷神社，日本各地的稻荷神社会举行祈求五谷丰收、生意繁荣昌盛的祈福法会。提到稻荷神社，必定会联想到油豆皮寿司。据说狐狸是稻荷神社的使者，它很喜欢吃油豆皮，所以在初午这天，人们会用油豆皮寿司祭拜它，以表感谢之意，同时吃了油豆皮寿司也会带来好运。

东日本

西日本

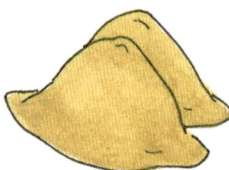

东日本的油豆皮寿司外形像米袋；西日本则像狐狸的耳朵，大多是三角形。

🌿 分量刚好！简单的油豆皮寿司

① 用少量水煮米饭，加寿司醋混合均匀。
（电饭锅有刻度的话，比较容易掌控水量）

一边用扇子散热，一边将饭和醋搅拌均匀

材料（8份）	
● 米	1 杯
● 寿司醋	30CC
● 油豆皮	4 片
☆ 水	200CC
☆ 酒	2 大匙
☆ 味醂	2 大匙
☆ 砂糖	2 大匙

② 油豆皮用热水烫 1min，捞起后沥干水分，从中间切作两半，像袋子的形状。

用长筷将油豆皮擀平，较容易打开豆皮

③ 把☆调味料倒入锅内，沸腾后再把油豆皮铺满锅内，盖上锅盖用小火至中火焖煮。

必须煮到完全入味

④ 待汤汁完全收干后熄火，稍微冷却后轻轻地挤压，将多余的水分挤掉。

各式各样的口味并排在一起，是不是很漂亮呢！

⑤ 把煮好的醋饭分 8 等份，将醋饭捏紧成团状，放入油豆皮中。

加入喜欢的材料，芝麻、甜红姜、豆类等试试看吧

三月

弥 生

一到春天花草皆露新芽，初生之象，所以称为"木草弥生月"，又称为"花见月""樱月"。而旧历三月时的竹叶泛黄飘落，因此有"竹之秋""竹秋"之称。

3月

1

2

3 日（左右）　　**上巳节**

　　女儿节

4

5

6 日（左右）　　**惊蛰**（二十四节气）

7

　　天气转暖，昆虫出土

8

9

10

11

12

13

14

15

16

17

18　　春分前后一共七天的日子称为"春的彼岸"

19

20

21 日（左右）　　**春分**（二十四节气）

22

23

24

25

26

27

28

29

30

31

二十四节气　　　　　　其他仪式或习俗

三月的天气变化莫测，正当我们沉浸在春天的到来时，却仍会感觉到几分寒意。三天寒冷、四天温暖的日子，反反复复几回，气温才会渐趋暖和，这种气候称为"三寒四温"。三月常有强风吹过，仿佛是春风努力地将冷风赶走一般。

晴朗温暖的阳光，让树木慢慢地吐露新芽，马尾草也探出头来，虫鸟也开始飞翔。尽管对有花粉过敏症的人来说，这段时间容易感到不适，然而看到动植物开始活跃起来，也让人心情愉悦。

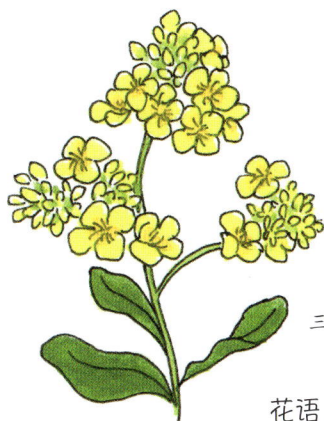

三月的诞生花
油菜花
花语：开朗、爽快

三月
当令食材

蜂斗菜

苦涩的独特味道，在收成过后一段时间，味道会越变越苦涩，应尽量早点食用完毕。在料理前先撒上盐，在砧板上前后滚动以利于剥皮，而且会使其更加鲜绿。"蜂斗菜的茎"指的是春天时最先露出地面，花蕾的部分。

蜂斗菜的茎

油菜花

春天来时就会看到处处绽放着黄澄澄的油菜花田。油菜花富含丰富的多种维生素，口感有些苦涩，也是提炼成油的原料，是万能的蔬菜。

春色！油菜花拌樱花虾饭

① 油菜花先用盐水烫过，把水分沥干切成 1cm 左右。

② 将油菜花、樱花虾、酱油、鲣鱼粉、白芝麻倒入白饭里搅拌。

材料（2人份）

- 油菜花　　1/2 束
- 樱花虾　　20g
- 白饭　　　2 碗
- 酱油　　　1 小匙
- 鲣鱼粉　　适量
- 白芝麻　　适量

充满春天气息的彩色饭

海带芽

日本是全世界食用海藻类最多的国家，尤其是海带芽，无论是味噌汤还是凉拌都是不可或缺的食材。海带芽不仅含有预防高血压和心血管疾病的褐藻胶酸，还富含大量的钙质和碘等营养成分。

食用土当归

吃起来的口感嚼劲十足，且散发出大地的香气。土当归营养丰富，整颗均可食用。虽然春天的食材多半苦涩，但都有能把冬天囤积在体内的毒素排出体外的作用。

海带芽和土当归的醋味噌

① 削除土当归的皮后切成 4cm 左右的长条状，放醋汁里泡 5mins。

> 醋汁可去除涩味（水 500CC 和醋 2 小匙）

材料（2人份）

- 土当归　　　1 株
- 生海带芽　　1 片

☆ 味噌　　　1 大匙半
☆ 醋　　　　1 大匙
☆ 味醂　　　1 大匙
☆ 砂糖　　　1 大匙
☆ 芥末　　　依个人喜好

② 生海带芽切成一口大小，把土当归沥干水后放在碗里备用。

带有咸味的海带芽必须泡水 5mins 左右，以去除盐分。干燥的则用水泡软。

③ 把☆调味料搅拌均匀倒入②。

从上面淋上酱汁或整个搅拌都可以。

> 充满春天的风味

上巳节
三月三日

三月三日是女儿节，有女儿的人家会在家中摆设人偶娃娃，祈求女儿幸福、健康平安地长大。这天女孩会邀朋友至家中，欣赏穿着色彩鲜艳的十二单衣和服的人偶娃娃，边吃糕饼边喝不含酒精的甜酒，家中成员也会加入一同谈笑嬉戏。这一天对每个女孩来说，是个既期待又兴奋的日子。

　　古代的人偶娃娃分为七层，相当华美，如今因为空间有限，只能放一对天皇和皇后的人偶娃娃在玻璃柜里。回想小时候，妈妈会将她以前的娃娃一起拿来装饰，有三名宫女和演奏能乐的五人乐队，场面更加热闹。还记得跟朋友一起开心地玩着人偶娃娃的情景，现在想想当时竟然能玩如此昂贵的人偶娃娃，真是太奢侈了。

女儿节的由来

　　原本称为"上巳节"，同时也是日本五大节日之一。女儿节正好是桃花绽放的时节，因此又称为"桃花节"。古代的上巳节被认为是灾祸之日，人们会用纸做成人形，象征代替人们背负疾病与灾难，将纸片人形放入河川或大海，以祈求无病无灾，亦称"放流人偶"。同时，融合在上流社会少女之间流行玩的人偶游戏，两者结合就成为女儿节的由来。

　　后来演变成在家中摆设豪华的人偶娃娃，作为小女孩的替身将厄运赶走，祈求健康平安地成长。目前部分地区的神社寺庙仍保有这种习俗，其中最有名的是鸟取县千代川地区的"用濑放流人偶"，此为日本著名的民俗活动。

人偶娃娃的摆设时间

　　人偶娃娃的装饰从立春二月四日到二月中旬左右开始，三月三日女儿节一结束必须马上收起来，最迟不超过三月中旬。因为太晚收拾，据说会影响到女孩的婚期，没有好好地收拾，也不会得到幸福。但这些都是毫无根据的传说吧！人偶娃娃收拾的最佳时间点，是在好天气、湿度较低的时候。

亲子一块儿收拾，增进情感

纸罩蜡灯

男娃娃　女娃娃

← 区域不同摆设位置相反

三名宫女

在宫中服侍的女官

五人乐队

能乐的宫廷演奏队

太鼓　大鼓　小鼓　笛　谣

随从

右大臣　左大臣

樱花

橘

台伞　拖鞋的木枕　立伞

仆人

外出时的随从

家具

区域不同摆设也有所不同，传承自家的装饰方式，母女可以同乐。避免
放置在阳光下直射，或高温、湿气重的地方。

用色纸折人偶娃娃

用色纸做个简单的人偶娃娃，放在玄关或是任何地方当摆饰，让女儿节的气氛更浓烈吧。用印花色纸制作会更可爱喔。

① 沿虚线往上折。

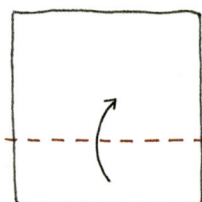

② 再沿虚线往左折。

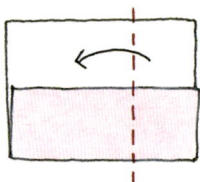

③ 纵线和横线的折眼便完成。

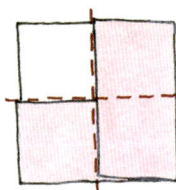

④ 翻面后转向，如图示。

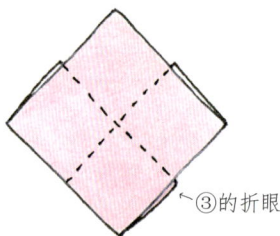

↖③的折眼

⑤ 两端的★沿红色虚线往中心★点内折。

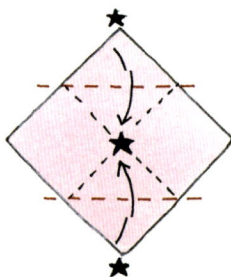

⑥ 沿虚线往箭头方向的★点内折。

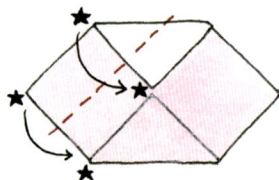

⑦ 另一端同样的做法。

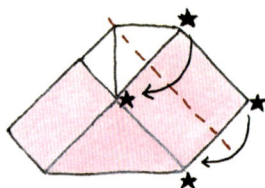

⑧ 翻面后画上脸部。

后面折的地方可打开使其站立。

再做一个，两个一起并排放在色纸上吧！

女儿节的应景料理

女儿节的食物，颜色鲜艳华丽，不但看起来舒服，每一个都有不同的含义。

菱形麻糬

有红、白、绿三种颜色，桃红色使用栀子的种子，具有解毒作用；白色使用菱角的种子，可降低血压；绿色使用能消灾解厄的艾草，这三种颜色代表父母亲望女成凤的心愿。

> 桃红色代表生命；白色代表雪；绿色代表绿芽

彩色米花糖

原本用菱形麻糬弄碎而成，因此基本的颜色也是由桃红色、白色、绿色组成。
关东、关西的味道和形状有所不同。

> 关东 甜味、米粒状

> 关西 酸味、圆球状

蛤蜊汤

蛤蜊都是两片两片紧密结合在一起，如果是两片不同的壳，是绝对无法密合的，所以象征夫妻紧密结合在一起，祈愿将来能找到合适且能够长相厮守的对象。

> 一个贝壳里面有两块肉，代表夫妻同为一体

白酒

原本是以桃花酿制而成的桃花酒，但很快就演变为白酒。白酒分许多种类，现在也有无酒精成分，适合小孩子喝的甜酒或果汁。

> 放几片漂浮的桃花瓣更有风味

散寿司

主要由虾子和莲藕等多样食材制成，因为色彩缤纷华丽更增添女儿节的热闹气氛，因此成为女儿节不可或缺的料理。

菱形散寿司

① 把牛奶纸盒洗净沥干，剪下中间宽约 8cm 的部分。

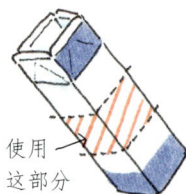

使用
这部分

材料（2 人份）

- 米饭　　　 1 份（约 340g）
- 寿司醋　　 30CC
- 樱花粉　　 50g
- 海苔粉　　 2 大匙（依喜好）
- 白芝麻　　 少许
- 蛋　　　　 1 个
- 豌豆　　　 依个人喜好
- 去壳虾仁　 依个人喜好
- 牛奶盒　　 1 个

② 准备配料，将蛋煎成薄饼状后切丝。去除豌豆的茎，用盐水烫过后，每块斜切 5mm 左右。虾仁用盐水烫后备用。

③ 将寿司醋加至煮好的米饭中搅拌均匀。

④ 将醋饭分成三等份，分别放入不同的配料。

加了樱花粉的米饭

加了白芝麻的米饭

加了海苔粉的米饭

⑤ 把牛奶纸盒折成菱形状，下面放个盘子，依序将绿、白、粉红一层一层地装入盒中。

用小汤匙的背面轻轻压

⑥ 将米饭填满后再移除牛奶纸盒。

从上方轻压米饭，慢慢地拔起纸盒

⑦ 上面再放上蛋丝、豌豆、虾仁就完成了。

超级美味的蛤蜊汤

① 蛤蜊吐沙。

（吐沙的方法，详见 P136）

> 买吐过沙的比较轻松

材料（2人份）

- 蛤蜊　　　　4~6 个
- 水　　　　　2 大杯
- 酒　　　　　1 大匙
- 昆布　　　　10cm/ 块
- 薄盐酱油　　少许
- 盐　　　　　少许
- 罗勒叶　　　适量

② 把水和昆布放入锅内，静置两个小时左右后把水倒掉，再放入酒和洗净的蛤蜊，加水并开火。

> 如果没有时间熬煮昆布的话，也可改用现成的昆布调味包

③ 沸腾前先取出昆布，把已经开口的蛤蜊捞出放入碗里。

啵啵！

> 煮太久会让蛤蜊肉变硬

④ 捞除汤渣，用盐和薄盐酱油调味。将罗勒叶放入碗里，再舀入热汤。

大功告成！

惊蛰
三月六日顷

"惊蛰"是二十四节气的其中一个，现在已经不太使用。日文汉字是"啓蛰"，"啓"是开启；"蛰"是冬眠的虫子，代表着天气渐暖，草木发芽，冬眠的虫子也苏醒了。

冬天的时候，喜欢躲在被炉[1]里，就像冬眠的虫子一样，这个季节的到来，让人意识到是不是该把被炉收起来了呢？人类和虫儿是一样的呢！

> 早安！
> 春天来了喔！

可食性花草

春天到来，散步在街道上可见许多像蒲公英一样可爱的花朵绽放，这些花朵中有些可以拿来作为料理食用，就让我们吸收春天大地的精华吧！

土笔

杉菜的孢子茎，摘取尚未成熟的青孢食用。甜辣煮法是把蛋打散，土笔在开水里涮一下，再用冷水浸一下，加酱油、醋、味噌搅拌后食用。

艾草

摘取最柔软的新芽部分，用开水烫一下，再用冷水浸一下，蘸上面包粉做成天妇罗。

1　被炉：日本冬天独特的生活用品。将炭火或电器等热源固定在桌子下，为了不让热量外流，在木架的上面盖上一条被褥。

蒲公英

把叶子洗净做成沙拉，摘取开花前较柔软的叶子才不会太苦涩，花也可以做成天妇罗，蘸盐享用更美味。

车前草

把柔软的嫩叶裹上面包粉做成天妇罗，保留叶茎的部分，炸的时候才不容易裂开。车前草的种子也常常被拿来做成减肥食品。

母菊

又称洋甘菊，洋甘菊茶有放松与预防口臭的功效，将五片花瓣放进茶壶中注入热水，放置五分钟入味，加入蜂蜜一起饮用更美味。

鱼腥草

把叶子洗净弄成一束，倒挂在阴凉处，约一周后干燥。用菜刀切成大块，取 1～2 汤匙的叶子放进茶壶并注入热水，等待五分钟使其入味。有抗菌与排毒的功效。

注意！摘野草时，须懂得辨别毒草，否则恐致命，要特别小心。

春分
三月二十一日顷

春分是"歌颂大地，疼惜万物"的时节。这天太阳从正东升起，于正西落下，所以昼夜长度相同。以春分为基准的前后七天，称为"春的彼岸"。中国和日本在春分这一天，会到墓地祭拜祖先。月历上从立春开始就是春天，然而真正感觉到暖和，是从春分开始。

为什么在彼岸时期要到墓地祭祖呢？

佛教把今世称为此岸，此岸在东方，东方充斥烦恼；祖先灵魂的归处称为彼岸，彼岸则在西方，是悟道的极乐世界。在春分和秋分之时，太阳从正东升起往正西落下，就好像这个世界跟另一个世界在此时此刻相通，所以春分这天就成为祭祖的日子。

在各式各样的花朵绽放的时节，是祭祖的最佳时机，也有人认为这个时节是一年的结束，是重新出发的时候，所以一边欣赏盛开的花朵，一边向祖先报告近况，也是一种转换心情的方式。

西　东

极乐世界　今世

彼岸　此岸

春天的牡丹饼、秋天的萩饼

　　"牡丹饼"和"萩饼"是彼岸时期最常吃的应景点心，其实这两样点心完全相同。"牡丹饼"的日文汉字写成"牡丹饼"；"萩饼"的日文汉字写成"萩"。一般来说，上面一颗颗的红豆，就如同这个时期所绽放的牡丹和萩，但另一种说法则是红豆馅儿做成的称牡丹饼，红豆粒做成的称萩饼，或是糯米做成的称牡丹饼，白米做成的称萩饼，说法不一。

　　牡丹饼在夏天和冬天还有别的名字，在夏天称为"夜船"，冬天则称为"北窗"，这些名字和牡丹饼完全扯不上关系，但又为何会这样称呼呢？因为制作牡丹饼时，使用的糯米不像麻糬需要捣碎，所以不会发出声响，而"不捣碎"的日文和"不知道已到达"的日文形成谐音，意指"夜色太暗，不知不觉中船已经抵达"。同样，冬天的话，"不捣碎"的日文和"看不见月亮"的日文亦形成谐音，意指"在冬天夜里，北边的窗户看不见月亮"。

　　基于文字游戏，就有了"夜船"和"北窗"的称呼。除了文字游戏之外，看到牡丹饼，状似黑色的圆球，便联想到夏天夜里太暗，不知船已到达，以及冬天从北窗看出去的景象……虽然是同样的东西，却可以随着季节的变化而改变称呼的方式，真是不可思议。

春：牡丹饼　　夏：夜船

秋：萩饼　　冬：北窗

🌿 用电饭锅做四色牡丹饼

在彼岸的这段时期，家里的佛坛或是墓地一直都有用牡丹饼祭祀的习惯。据说红豆的颜色能够消灾解难，在这里要跟大家介绍，漂亮又美味的"红豆""黄豆""黑芝麻"和"青海苔"四色牡丹饼。

材料（8个的分量，每种颜色各2个）

●	糯米	1 杯	◇	黑芝麻颗粒	2 大匙
●	盐	1 小撮	◇	砂糖	1 大匙
☆	黄豆粉	2 大匙	◇	盐	1 小撮
☆	砂糖	1 大匙	●	豆沙馅（市售品）	约250g
☆	盐	1 小撮	●	青海苔	适量

① 把糯米洗净，静置1小时左右，加水后用电饭锅炊煮。

> 水量比照一般煮米饭的量

② 将☆和◇的材料分别搅拌均匀，将豆沙馅做成2个大的和6个小的球状。

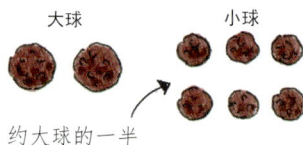

大球　　　　小球

约大球的一半

③ 糯米煮好后趁热用研磨棒捣碎，放入盐继续搅拌均匀。

> 将糯米粒捣碎成小颗粒状

> 如果没有研磨棒，把糯米放入较厚的塑胶袋搓揉也可

④ 用盐水把手沾湿，将糯米搓揉成 6 个大的
和 2 个小的糯米团。

大球 小球

小的是大的三分之二左右

⑤ 〈豆馅儿外皮〉
取保鲜膜铺平，把大的豆沙馅儿摊开，将
小的糯米团放置中央，用保鲜膜再将形状
揉成球状。

像胶囊一样，整个
覆盖住糯米团

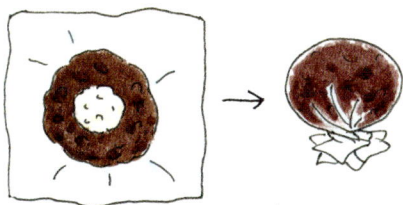

使用保鲜膜的话，豆
沙馅儿较不黏手，更
易揉成球状。

⑥ 〈黄豆粉皮〉〈黑芝麻皮〉〈青海苔皮〉
将保鲜膜铺平，把大的糯米摊开，将小的豆沙馅儿放置中央，用保鲜膜揉成球状，
再各自裹上黄豆粉、黑芝麻、青海苔。

供奉完神明后，
再来享用美味的
牡丹饼吧

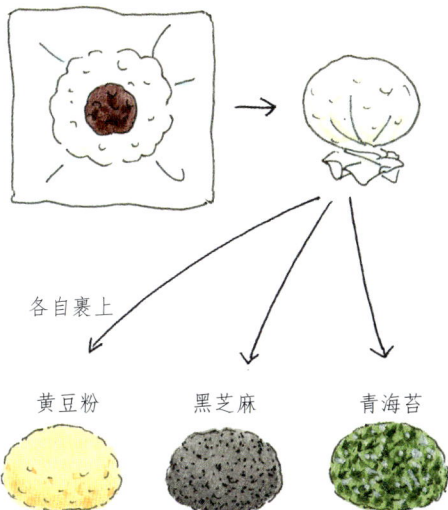

各自裹上

黄豆粉   黑芝麻   青海苔

四月

卯月

水晶花盛开的季节称为"卯月"或是"卯花月"。也称为"麦秋""夏初月""清和月""木叶采月""花残月"。

4月

1
2
3
4

气候明亮
清爽舒服

5 日〔左右〕　**清明** (二十四节气)

6
7

8 日　**浴佛节**

9
10
11
12

13 日　**十三参拜**

14
15

16
17
18
19

20 日〔左右〕　**谷雨** (二十四节气)

21
22

春雨降临
滋润谷物生长

23
24
25
26
27
28
29
30

二十四节气　　　　其他仪式或习俗

四月正是樱花绽放的前锋，整个日本从南到北都沉浸在粉红色的世界里。走在充满春天气息的街道上，看到学生们穿着还不太习惯的宽松制服，以及他们对新学期充满期待时的模样，突然怀念起青春……

这个季节最令人兴奋的，莫过去观察植物新生的模样，当走在每天的必经之路，看见裸露的树枝已长出嫩芽，枝叶迅速地蔓延，瞬间开出花蕊，这般速度令人瞠目结舌。在自然界充满着新生命的四月，也是我们重新开始的最佳时机，此刻正踌躇着该何时开始的你，就从四月出发吧！

四月的诞生花

郁金香

花语：博爱

四月
当令食材

白洋葱

春天收获的白色洋葱与茶色洋葱相比，水分多、甜分高、口感清脆，不辣，适合凉拌，营养价值很高。

新马铃薯

春天收获的马铃薯比秋天收成的含有更丰富的维生素 C，皮薄柔软，适合凉拌，吃起来嚼劲十足。

春天气息的白洋葱和新马铃薯沙拉

① 把新马铃薯削皮，切丝洗净后泡水，放置 10mins 左右，中途换水去除涩味。

② 白洋葱切细浸泡 3mins。

> 泡太久
> 营养容易流失

③ 用厨房纸巾将①和②的水分吸干。

④ 把③放碗里，混☆调味料，搅拌均匀即可，这样就完成了！

材料（2人份）	
● 白洋葱	1/2 个
● 新马铃薯	1 个
☆ 美乃滋	1 大匙
☆ 橄榄油	1 大匙
☆ 醋	1 小匙
☆ 粒状芥末	少许

竹笋

竹的嫩芽称为"竹之子"。从发新芽到长成竹笋只需要10天，因此这10天称为"旬"或"笋"。这时期是竹笋盛产期，一定要品尝一下春天中最具代表的食材。

去除竹笋涩味的方法

烫生竹笋时一定要确实捞除杂质，否则无法去除苦涩味。
时间放越久苦涩味就越重，切记在料理前处理即可。

① 将竹笋洗净，剥去2～3片外皮。斜切掉前端后，在靠近中间的地方纵划一刀。

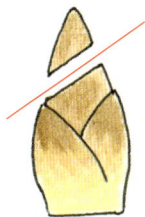

② 把竹笋放进一个大锅里，将水加到可覆盖即可。加入1杯米糠和1～2根辣椒。

没有米糠也可以用洗米水

③ 以中火煮沸后转小火，煮40mins左右后，用筷子戳戳看，变软就可以熄火。

OK

④ 于锅内放凉，待手能触摸的温度时洗净削皮，泡入密封的容器里，放进冰箱保存。

每天换水的话，可存放一个星期左右。

赏花

每到樱花盛开的季节，大家最关心的就是赏樱情报。春天正是百花盛开的季节，在这之中最盛大的就属赏樱。而对日本人来说，赏花指的通常就是樱花。虽然世界各地也有樱花，但赏樱的风气应该都不及日本呢！

赏花原本是平安时代贵族们的休闲活动。一边欣赏樱花，一边吟诗作对，踢着蹴鞠玩乐，后来演变成农民们在樱花树下设宴，祈求在新的一年五谷丰登。顺便一提，有句谚语"剪樱的笨蛋、不剪梅的笨蛋"，意指樱花的枝叶不需要修剪，恣意生长才能绚丽夺目，如果剪断了就会从断面开始腐烂。在赏樱时千万要注意，即使喝醉也不要折断樱花的枝叶喔！

吉野樱

日本最普遍的花种，樱花的盛开
时期大多是以吉野樱为准。

枝垂樱

如其名垂枝形的樱花树，花朵会
沿着向下垂落的树枝，如瀑布般
伞状绽放。

八重樱

在吉野樱凋谢时盛开，花瓣层层
堆叠，开花时花团锦簇。

山樱

花和叶子同时绽放，叶子的颜色
似茶色。

🌿 简单又好吃的赏花便当

挑选容易拿取、冷掉也好吃的食物

① **芦笋培根卷**

芦笋烫过后，用培根、肉片将芦笋以卷的方式包裹起来，再用牙签固定。撒上盐、胡椒后煎至金黄色，最后插上小番茄。

② **油菜花饭团**

油菜花用盐水煮过后切细，小鱼干和白饭做成饭团。

③ **火腿花瓣**

把圆形的火腿切半，划上5mm宽的刻痕。卷起像花的形状后用牙签固定。

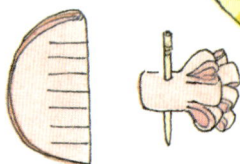

④ **红白豆皮寿司**

醋饭分成两等份，一份掺合切丝的红姜，一份掺合白芝麻，装盒时交替放置。

⑤ **炸鸡块**

在塑胶袋里依序放入一口大小的鸡肉、1.5大匙的酱油、1大匙的酒、适量的蒜泥、一片生姜、3大匙的太白粉，轻轻搓揉后静置30mins，再入油锅小火炸。

🌿 赏花时必备用品

小毛毯

防寒，铺在臀部下可改善地面凹凸不平所带来的不适。

湿纸巾

在无法取得水时很方便。

帽子和防晒油

虽然四月天气凉爽，但紫外线依旧强烈。

关东口味和关西口味

春天和菓子的代表是樱饼，放进口中的瞬间樱花的风味在嘴里散开，樱花叶的咸味和内馅的甜味，搭配堪称一绝。关东和关西的饮食文化有许多差异，就连樱饼也分关东口味和关西口味。

关东口味

一开始在隅田川旁的长命寺贩售，所以称为"长命寺"。外皮用面粉煎成像薄饼皮后再包红豆馅儿。

关西口味

发源地是大坂的道明寺，所以称为"道明寺"，以糯米蒸熟后干燥压碎的"道明寺粉"为原料，和红豆馅儿搅和均匀，弹牙的口感为其特色。

你会选择哪一个呢？最近两种都贩售的和菓子店越来越多了，到底哪一种比较受欢迎呢？除此之外，看看关东和关西的其他食物有何不同吧！

关东		关西
口味浓郁，汤头用鲣鱼粉和醇郁酱油熬煮而成。因为面的上面放着炸过的面粉，所以称为"狸乌龙面"	荞麦面 乌龙面	口味清淡，汤头用昆布和薄盐酱油熬煮而成。在关西不叫"狸乌龙面"。"狸"指的是放油豆皮的荞麦面
加入黑醋，口感清淡	凉粉	加入黑蜜，当作点心
煮成甜辣的煮物	星鳗	加入调味料或直接烧烤
多将海苔烤过后，蘸酱油食用	海苔	已调味的海苔很受欢迎

🌿 盐渍樱花

外观华丽，同时散发出春天香气的便是盐渍樱花。置于冰箱可保存一年，一定要来试做看看！

用盛开七到八分的八重樱

① 摘取微开的花苞冲洗干净。

有两朵花苞的最好

② 用厨房纸巾将水分吸干，撒上盐。

③ 放入有夹链封口的保鲜袋里，把里面的空气挤压出来，找个比花重约两倍的物品，压在上面放置三天。

杂志

会慢慢地出水

④ 加入梅醋，轻轻地摇晃使食材入味。

再放入有夹链封口的保鲜袋里，用重物压上三天左右。

⑤ 把花取出，轻轻地把花瓣压成花蕾的形状，并排铺在厨房纸巾上两天，待风干。

放在通风的地方

⑥ 等到变软、干燥后，放入瓶中再撒上盐保存，这样就完成了！

多放点盐后放入冰箱，这样可以保存一年

🌸 盐渍樱花的美妙用法

樱花茶
将除掉盐的盐渍樱花放入器皿后注入热开水。

> 在热开水里放些新鲜摘下的樱花会更漂亮

除去盐的方法：
用水冲五分钟左右，把表面的盐去除。

煎茶是平常喝的茶，通常在正式场合（例如：婚宴）则用樱花茶。

樱花饭
取些除掉盐的盐渍樱花，在花的部分划上细细的刻痕，放入温热的白饭里。

> 留几朵不要切，直接放在饭上装饰，更加华丽

大头菜和浅渍的樱花
大头菜和盐渍樱花一起浸泡放置三小时即可。

> 大头菜的茎也可以一起腌渍，看起来更显缤纷

白萝卜、白菜和高丽菜也都可以用同样的方式腌渍。

樱风吕
把盐渍樱花放在纱布袋里，放入浴缸时会浮在水面上。

> 散发春天的香气，身心灵都得到舒缓

浴佛节
四月八日

浴佛节又名"灌佛会"，庆祝释迦牟尼的诞生，就像基督教在圣诞节时，庆祝耶稣的诞生，这应该算是佛教版的圣诞节吧！

日本在释迦牟尼的生日——四月八日这天不分教派，各地的寺院都会举行庆祝仪式。寺院会用各种花草装饰、布置"花御堂"，供奉释迦牟尼的佛像。参拜者用甘茶礼佛，传说甘茶是释迦牟尼出生时，九头龙为祝贺释迦牟尼的诞生，从天降下甘雨，并以此雨水为婴孩沐浴。喝甘茶以保无病无痛，很多前来礼佛的人，都会用竹桶将甘茶装回去饮用。最近很多寺院也会让参拜者用水壶把甘茶带回去。

在往返的路上，正好是樱花盛开的季节，可以顺便欣赏美丽的樱花。

装饰花御堂的花有山茶花、木兰花、樱花、紫玉兰、连翘等。

用甘茶"浇灌"，因此又称为"灌佛会"。

小心翼翼地淋上甘茶。

甘茶像麦茶一样甘甜，甜度是砂糖的数百倍，却没有热量。

唯我独尊

释迦牟尼出生后，于东、南、西、北四方各走七步，右手指天、左手指地说道："天上天下唯我独尊"，花御堂里供奉的佛像就是这个模样。"天上天下唯我独尊"若按字面的意思即是"在这世上没有比自己更值得尊敬的"。这里所指的"我"，并非指释迦牟尼本身，而是指众生的每一个人。归根结底就是每一个人的存在皆无可取代。有些地方解释成"没有比自己更伟大"，自命非凡之意，但已和原意不同了。

天上天下唯我独尊

除虫念咒

以前的人相信用浴佛节时带回来的甘茶磨墨，写下"四月八日是好日子，准备大展身手打死坏虫吧"，倒过来贴在门口或柱子上就能驱虫。虽然是迷信之说，却成了独一无二的风俗习惯。

动手做杀虫喷雾剂

在天气渐暖、虫子变多的季节里，正适合用芳香油做的除虫喷雾剂来对抗恼人的坏虫。材料天然不伤肌肤，但如果是孩童（四岁以上）使用的话，芳香油必须减半，做好的除虫喷雾剂最好在十天之内用完。

材料

- 芳香油　　　5滴
  （天竺葵、香茅、柠檬草、薄荷等，对除虫都有效果）
- 酒精　　　　5CC
- 纯净水　　　50CC
  （不可用自来水）

把材料全部放入喷雾容器里，充分搅拌均匀后就可以使用。

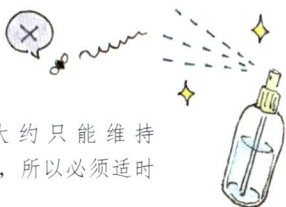

效果大约只能维持30mins，所以必须适时补喷。

花草小游戏

　　小时候都会和朋友到河堤旁的草地上游玩。春天时用三叶草编织成漂亮的项链，秋天时则用已成熟的苍耳的果实往衣服上丢，就会粘在身上。在我们周遭经常能看到这些花草，却不知道只要花一点功夫也能成为游戏的道具。不管是哪一个年代，在自然界中能够拿来游玩的材料还真多。

蒲公英戒指

① 茎的尾端撕成两半。

② 套在手指上。

> 茎的长度够长的话，可以做成手链

蒲公英风车

① 切掉茎的部分，并划上刻痕。

② 遇水便会卷起，再穿过更细的茎。

③ 试试看一边吹气、一边旋转。

呼～

车前草拔河

两根茎相互交叉后，如图示往反方向拉。

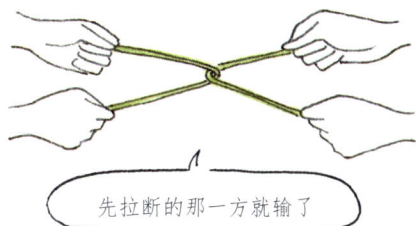

先拉断的那一方就输了

车前草

白色三叶草

竹叶船

不一定要用竹叶，细长的叶子也可以

① 将两端往内折，分成三等份划上刻痕。

② 一头的边端，相互交叉插。

③ 另一头做法相同。

放入河川中来场竞赛吧

白色三叶草花冠

① 先拿三根花茎绑成一束作为主干，再绕上另一根花茎。

② 再一根根地继续围绕。

③ 依个人喜好决定长度，收尾时用预备的花茎绑紧，这样就完成了！

短的可当手链；长的可当项链

找寻四片幸运草

车轴草又称三叶草，一般只有三片叶子，在万株车轴草中，有机会发现一株四片叶子的。

据说四片叶子的三叶草象征幸运，所以又称为幸运草。找到四片叶子的不容易，但听说如果找到一株四片叶子的，在那附近也会陆续找到其他的呢！

找到了！

幸运草压花做法

① 找到叶子后，放在卫生纸里夹入报纸，上面用一本书或较重的东西压住。

② 放置 4～5 天风干后就完成了。

幸运草压花书签

① 把叶子放在厚纸板上，贴上透明胶带。

材料

- 压过的幸运草
- 明信片大小的厚纸板
- 透明胶带 15cm
  （像胶布的尺寸但必须是透明的）
- 缎带　　5cm×15cm

② 剪掉周围并用打孔机打洞。

③ 穿洞绑上缎带就完成了。

随身携带可以带来好运喔

十三参拜
四月十三日

　　"十三参拜"按字面意思是十三岁时到寺庙参拜，又称为"智慧参拜"。这是从江户时代传承下来的仪式，虽然十三岁参拜没有像七五三节那么盛大，但同样是为了庆祝孩子的成长。至今仍有些地区承袭了这项习俗。

　　四月十三日（旧历的三月十三日）这天，父母会陪同虚岁为十三岁的少年男女，一起到虚空藏菩萨神社参拜，祈求神赐予智慧和福德，少年男女们也会用毛笔写下一个自己喜欢的汉字，献给神明，祈祷完后带回去。少女在这天必须穿上人生第一件大人款式剪裁的和服，少男则必须穿着西装或学生服。

智
福

回程时不能回头喔！

　　参拜结束后，走出神社的神门（在寺庙指的是桥或门）的这段路不能回头。因为回头意味着归还神赐予的智慧和福德。有些地区甚至规定不能发出声音，其实能想象少年男女当时紧张的模样呢。

心怦怦跳……

五月

皋月

旱苗（秧苗）种植的月份，"早苗月"的简称为"皋月"，又称为"稻苗月""早稻月"。因为正值旧历的梅雨季节，所以也称为"梅月""雨月""恶月""月不见月""授云月"。

5月

1		立春算起的第八十八天
2 日 (左右)	**八十八夜**	
3		
4		
5 日	**端午节**	
6 日 (左右)	**立夏** (二十四节气)	
7		从这天开始到立秋的前一天，在月历上称为夏季
8		
9		
10		
11		
12		
13		
14		
15		

16		
17		
18		
19		草木逐渐茂盛
20		
21 日 (左右)	**小满** (二十四节气)	
22		
23		
24		
25		
26		
27		
28		
29		
30		
31		

二十四节气　　　　其他仪式或习俗

五月是大地充满力量和美感的月份。

杜鹃花遍地开放，绿色和粉红色形成美丽的对比，让走在路上的人们眼睛为之一亮。杜鹃花让我想起上小学时，在回家的路上常吸食杜鹃花的花蜜……如今想想，花朵好不容易盛开，却被接二连三地采摘，不免令人感到不舍。但是，我仍旧怀念杜鹃花的花蜜在口中散发出来的甘甜味，正是这个时节才有的滋味。

一年之中用"清爽宜人"来形容五月最为贴切，此时也最适合野餐和健行。走出户外让清风徐来，用力地大口吸气吧！

五月的诞生花
玫瑰

花语：
粉色是"感动"　　　红色是"热情"　　　白色是"尊敬"　　　黄色是"嫉妒"

五月
当令食材

鲣鱼

鲣鱼有两个时节，四至五月的为初鲣，八至九月的为返乡鲣。初鲣较为清淡，适合蒸煮；返乡鲣则脂肪肥美，适合生鱼片料理。据说在江户时代曾经用"哪怕是把妻子送进当铺，也要品尝初鲣的美味"这句话来形容初鲣的昂贵和美味，是庶民们梦寐以求的高档食材。

用平底锅做鲣鱼半敲烧

① 把葱和蘘荷切丁，青紫苏切丝，蒜头切薄片。

材料（2人份）	
● 鲣鱼（生鱼片用）	300g
● 蒜头	2 瓣
● 葱	3 根
● 蘘荷	2 根
● 青紫苏	5 片
● 色拉油	2 小匙

※ 依个人喜好加入橙酢、酱油或姜食用。

② 平底锅放入 2 小匙的色拉油和蒜头爆香。

③ 放入鲣鱼用小火煎至表皮变色后取出。

④ 待冷却后放入冰箱，食用时厚切 1cm，再撒上一些佐料。

撒上更多的佐料和橙酢一起食用，会更好吃

蚕豆

豆荚往上生长，又称为空豆。上市时间短，是时令蔬菜。

简单又美味的蚕豆酥

① 取出豆子，把黑茎切掉，用菜刀将豆子深切一半。

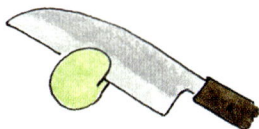

② 在锅里放满水，煮沸后放入盐和米酒（1 公升的水要加盐、酒各 2 匙）。

③ 开大火煮 1 ～ 2mins 后，倒入筛网冷却。

滤出多余的水分

啵

最适合当下酒菜

豌豆

豌豆可连皮一起吃，在豆类中的维生素 C 含量最为丰富，大约是樱桃的六倍。最大的特色是加热后营养不会流失。

① 抓住下端的筋往上折后顺向撕，连带将蒂拔去。

去筋撕向一端

② 再连同蒂顺势撕向另一端完整去除。

八十八夜

五月二日顷

　　立春后的第八十八天，称为"八十八夜"。这一天正是农作物开始播种的时期，八十八看起来就像是"米"字，所以这天对农人来说是非常重要的一天。这个时期也正是新茶采收最繁忙的时节，尤其是第八十八夜采收的新茶，据说喝了后一整年就会健康、平安、延年益寿。新茶不仅是吉祥物，因为不苦涩，再加上含有丰富的茶胺酸，更是味道独特的茶叶。

　　一开始饮用刚泡好的新茶时，那种从口到鼻的香味，就有种让人感动到仿佛置身于茶园的错觉。讲到茶，据说在古代，只要茶叶梗在茶壶里竖起来，就表示好事将近！罐装茶或茶包都不会有的现象，正是用滚烫开水温一下茶壶才会有的乐趣。

　　夏天近了！八十八夜。

玉露

最高级的日本茶，避免阳光直射。采摘茶叶嫩芽，具有独特的甘醇口味。用 50～60℃ 的温水冲泡，更能提升茶的味道。就像高级的煎茶一样都要用低温冲泡。

抹茶

无须像煎茶经过揉捻，而是将生叶直接烘干，用天然的石磨碾磨成微粉状。和玉露一样避免阳光直射。

煎茶

最普遍的日本茶，富含丰富的儿茶素，口感甘甜，略有涩味。用 80℃ 的热水冲泡可去除涩味。

番茶

摘取茶芽以下较粗大的叶子。因为是夏天第二次和第三次采收的茶叶，所以称为番茶。

烘焙茶

将番茶和煎茶以高温炒过，去除苦涩味，具有独特的焙炒香味，口感清爽淡雅，不管搭配什么料理饮用都合适。

玄米茶

把大火炒过的玄米加入煎茶和番茶，蒸熟滚炒混合而成。为了让独特的香味发挥得淋漓尽致，要用热水浸泡数分钟。

泡出一杯好茶的诀窍

注意各茶种的特性，才能品出好茶，使用软水更能释放茶叶的独特风味。

玉露、煎茶

① 将沸腾的热水倒入茶碗，使其冷却到适温 80℃ 左右（玉露则是 50 ～ 60℃）。1 人份大约 150CC。

> 温杯是品茗的重要一环

② 把茶叶放入茶壶，1 人份 1.5 ～ 2 茶匙。

③ 把茶碗中适温的水倒入茶壶，浸泡 1min，轻轻地旋转茶壶后盛杯。

> 新茶的话更快入味，30 ～ 40 秒便可盛杯

番茶、烘焙茶、玄米茶

① 将沸腾的热水倒入茶壶和茶碗温热。

② 倒掉热水，放入茶叶。

> 1 人份的量为：番茶、烘焙茶 2 茶匙，玄米茶则 3 茶匙

③ 注入沸腾的热水。

④ 待 30 ～ 40 秒后轻轻地旋转茶壶后盛杯。

茶道趣

茶道入门不易，许多人因此敬而远之。其实就算不了解真正的做法，在家一样可以轻松地享受喝茶的乐趣。抹茶虽然略带苦涩但甘醇，丰厚的香气闻来精神舒爽。

与和菓子一起搭配享用

① 把热水注入茶碗里并放入茶筅，温热后再把水倒掉。

没有抹茶专用碗，用一般碗代替亦可

② 将热水倒入另一个茶碗，使之冷却到 80℃ 左右。

80℃

③ 用茶勺加入 2 杯分量的抹茶粉，将②的水倒入 60CC。

大约 2g。
如果没有茶勺时则 1 小匙。

④ 以茶筅像写 m 字的方式，一口气搅拌均匀。

也可用发泡器，但用茶筅打出来的较为绵密。

m

⑤ 充分搅拌均匀后，再像写日文的 "の"，把茶筅拿起，这样就完成了！

の

待泡沫呈现蓬松状就完成了

端午节
五月五日

"屋檐下高高挂着鲤鱼旗。"

想到端午节便会想起这首歌，住在都市里很难得能看到这么大的鲤鱼旗呢。

在我家的阳台上挂有四条鲤鱼，其中包含小鲤鱼的鲤鱼旗。我们家有四个人，爸爸、妈妈、哥哥和我，而最下面的一条红鲤鱼就像是我一样。每次看到那条红鲤鱼，心想："啊！那不就是我吗？"

每次看到那四条鲤鱼随风飘扬，心情总是特别好，因为象征着一家四口的深厚情感。五月五日是"端午节"，在有男孩的家中，会摆放头盔和铠甲装饰，并挂上鲤鱼旗，祈求男孩健康、平安地长大。这天要吃柏饼和粽子，晚上则要泡菖蒲浴，全家人开开心心地度过。

① **天球**
旋转时会发出"嘎啦嘎啦"的声音，据说是为了指引神明降临的记号，另一种说法是引导变成龙的鲤鱼登天。

② **矢车**
武将弓箭的花纹，有避邪的含意。

③ **五色彩旗**
除魔，也代表家族，有些会印上家徽。

④ **真鲤**
黑色。

⑤ **绯鲤**
红色（绯是鲜红的意思）。

⑥ **子鲤**
青或绿、紫、橘等。

为何要挂黑鲤鱼旗呢？

挂鲤鱼旗是远在江户时代就有的习俗。在男孩出生后，挂起鲤鱼旗，以告知神明这个喜讯，请求神明保佑这个孩子。当初只有真鲤，到了明治时代加入绯鲤，昭和时代再加入代表孩子人数的子鲤。江户时代用的是和纸，大正时代（1912~1926 年）改成棉布，但只能晴天时悬挂。为了雨天时也能照样悬挂，现已改用尼龙或是聚酯纤维材质。

鲤鱼象征出生，有句俗话"登龙门"来自于古代传说鲤鱼只要跃过瀑布就能变成龙的典故。

用色纸做鲤鱼旗

用彩色印花纸或漂亮图案的色纸做做看吧！

① 将正方形的纸折成
　 四等份再打开。

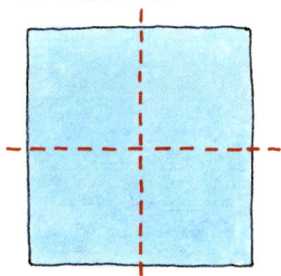

② 沿虚线往内折。

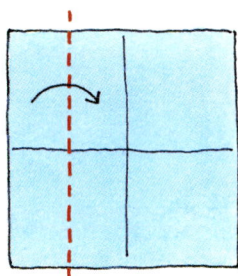

③ 翻面。

④ 沿虚线往内折后打开。

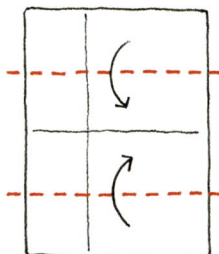

⑤ 沿虚线往内折。

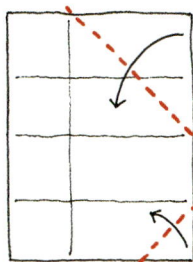

⑥ 沿虚线往内折。

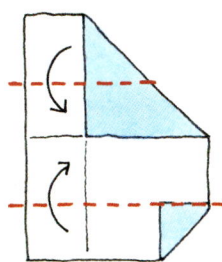

⑦ 沿中线对半折。

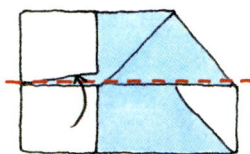

⑧ 翻面并画上眼睛和
　 鱼鳞。

⑨ 用胶带将成品固定
　 在竹签上就完成了。

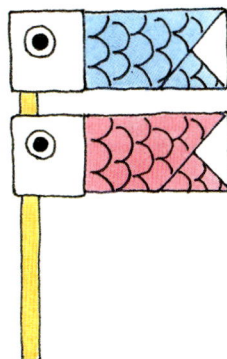

端午节期间"菖蒲"盛开，因此也称为"菖蒲节"。菖蒲有股很强烈的味道，据说能斩妖除魔。又是"尚武（注重武道或武勇）""胜负"的谐音字，是勇武的象征，是祝贺男孩的日子。

小时候泡菖蒲浴时，总觉得"到底是什么东西？什么味道这么奇怪？"长大后有机会再泡时，才真正地感受到菖蒲的清香味。菖蒲里含有一种松烯成分，具有镇静、消除疲劳、促进血液循环等对健康有益的功效。顺带一提，菖蒲和花菖蒲是完全不同的品种，菖蒲的季节在接近五月五日，可在花店或蔬果店看到。选购时一定要连根带茎的，因为含有松烯成分的是在根茎的部分。除了拿来沐浴之外，菖蒲还有其他不同的用法。所以这天一定要好好地泡个菖蒲浴。

花菖蒲　　　　　　菖蒲

菖蒲浴

将菖蒲细切放在耐热的盆子里，倒入热水放置10mins，
一边用筛网过滤，一边倒入浴缸。

把菖蒲绑成一束放入浴缸亦可。

泡澡时顺便祈祷无病无痛吧

据说把菖蒲绑在头上会变聪明

菖蒲酒

将菖蒲的根浸泡在酒里大约 30mins。

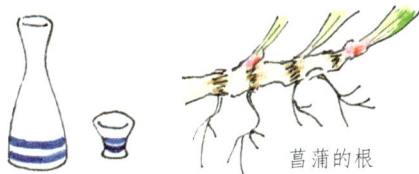

菖蒲的根

> 菖蒲的根不易取得，用茎或叶替代亦可

挂菖蒲

把菖蒲吊挂在屋檐或窗户上，以消灾解难。

菖蒲武打

将一束菖蒲当作刀，模拟武打游戏，意谓武术更上一层楼。

菖蒲枕

四日晚上把菖蒲垫在枕头底下睡觉，以消灾解难。

> 菖蒲的香气可以使人睡得更安稳

敲打菖蒲

握一束菖蒲向地面敲打，声音较大声的一方即胜出。

啪！

菖蒲占卜

一边把菖蒲吊挂在屋檐下，一边唱歌祈求"如果所想的事能够成真，就让吊挂在屋檐下的菖蒲结网"。若蜘蛛在叶上筑巢，即表示愿望会实现。

来玩折纸游戏

小时候，我常用报纸或大型的包装纸当作游戏的道具。一张纸不仅可折、可贴，还可揉成一团或是乱写一通，有多种的玩法呢！我和哥哥常用报纸折头盔，或是卷起来用胶带粘住做成一把刀，把头盔戴在头上挥舞着刀，玩起武打游戏。我们总是把纸刀弄得破破烂烂，最后都在我的哭声中结束。现在会用更大张的纸来折头盔当作装饰。每当折头盔时，不免勾起思乡情愁，想起以前和哥哥玩武打游戏时的情景。

头盔 用报纸做，大小足以戴在头上喔

将报纸剪成
正方形的方法

将报纸折成三角形，沿虚线剪掉多余部分。

① 对半折。

② 沿红色虚线往下折。

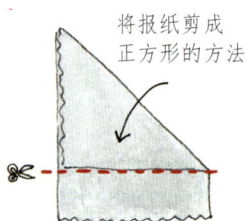

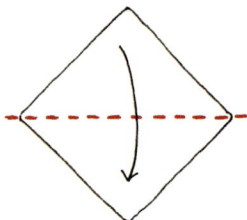

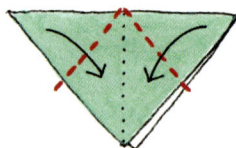

③ 沿虚线往上折。

④ 角的部分沿红色虚线往外折，并确保两边平行。

平行

⑤ 只取一片沿虚线往上折。

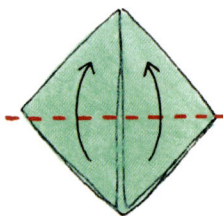

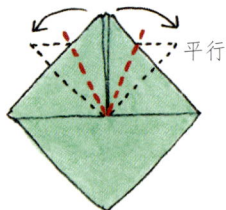

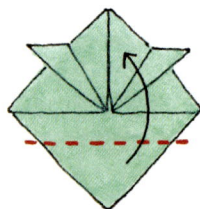

⑥ 沿虚线往上折。

⑦ 沿虚线往内折，并将底部塞进折线里头。

⑧ 完成。

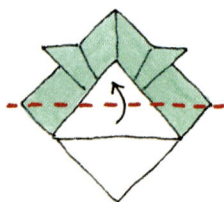

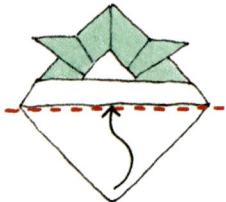

纸铁炮 使用长方形的纸或报纸

① 沿虚线对折。

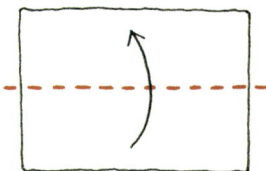

② 四边沿红色虚线往内折。

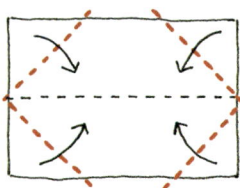

③ 沿虚线对折。

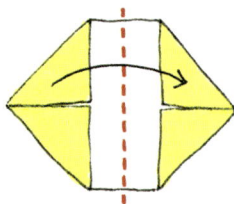

④ 沿红色虚线往内折，再打开标记折痕。

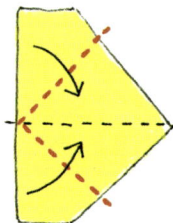

⑤ 沿红色虚线往下对折。

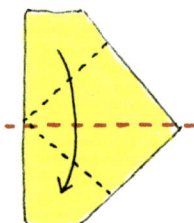

⑥ 打开内侧开口并压平。

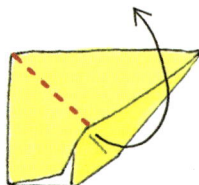

⑦ 沿虚线往下折。

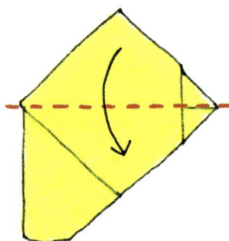

⑧ 相同的做法，打开内侧开口并压平。

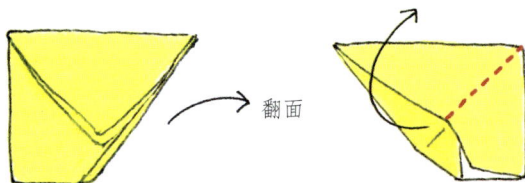

翻面

⑨ 沿虚线往下对折。

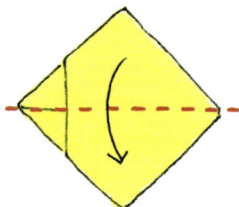

⑩ 手握一端。

完成

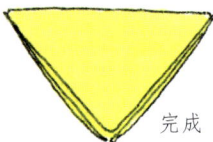

紧握一端用力甩出

啪

用微波炉做手工柏饼

日本的端午节有吃柏饼和粽子的习惯。柏饼使用的是新芽长出前，老叶尚未掉落的叶子，象征子孙繁衍。因此，端午这天一定要吃，而粽子则代表消除灾难。

现在就和大家分享既简单又美味的柏饼的做法。

材料（5个）

- 粳米粉　　100g
- 太白粉　　1小匙
- 砂糖　　　1大匙
- 盐　　　　1小撮

- 温水　　　　　130CC
- 现成的豆沙　　100g
- 柏叶（盐渍）　5片

去超市或是日制甜点材料店找找看

① 柏叶轻轻地洗净，用厨房纸巾擦干备用，把豆沙馅搓成5个小球状。

② 将粳米粉、太白粉、砂糖、盐放入耐热容器里，慢慢加入温水混合搅拌均匀。

不可残留面粉块

③ 耐热容器上盖上一层保鲜膜，放入微波炉（600W），大约加热1min再用沾湿的木勺充分搅拌均匀。

软硬部分打散，搅拌均匀

④ 再一次用保鲜膜包覆，放入微
波炉加热大约 2mins，这次改
用沾湿的研磨棒搅拌。

像麻糬的黏稠度

⑤ 待稍微降温，把手沾湿，充分揉搓。

小心不要
烫到手

⑥ 把干面团揉成五等份的小金币
形状。

放上豆沙馅

⑦ 面团对折，包上柏叶就完成了！

🌱 鲤鱼旗料理让餐桌更加华丽

　　端午节除了柏饼和粽子之外，并没有特定要吃什么，相较女儿节吃的蛤蜊汤、四喜
饭等豪华的菜色，略显逊色呢。我们可以把平常所吃的白饭再加点创意，餐桌上就会多
出一道鲤鱼旗的料理了。

鲤鱼旗饭团

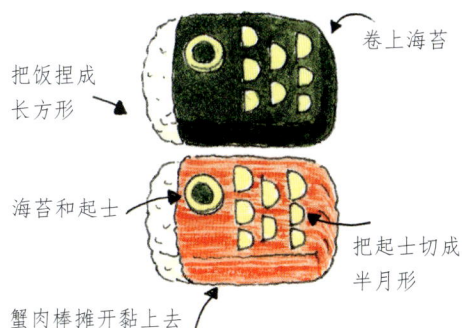

卷上海苔

把饭捏成
长方形

海苔和起士

把起士切成
半月形

蟹肉棒摊开黏上去

鲤鱼旗咖喱

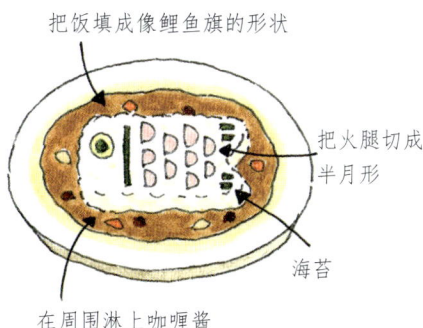

把饭填成像鲤鱼旗的形状

把火腿切成
半月形

海苔

在周围淋上咖喱酱

退潮拾贝

五月是最适合退潮拾贝的季节，黄金假期时的全家出游或学校远足，拾贝都是颇受欢迎的活动之一。

我的祖母就住在海边，夏天时常常到海滨沙滩捡蛤蜊，但祖母不是玩乐，是为了当天的晚餐而辛勤工作。回想起每次把蛤蜊放进水桶时，被海水溅起的水花洒到脸上的瞬间，大伙都会哈哈大笑。

捡蛤蜊就像挖到宝物一样开心，捡的过程中有趣，又能享受丰硕的蛤蜊大餐，真是一举两得！退潮拾贝是一家老小都喜欢的活动，是初夏的一大乐事。

退潮拾贝的黄金时段

　　大潮日前后 2 小时的退潮期是捡贝类最好的时机，涨潮和退潮的水位差距大，其间的时间漫长，因此有足够的时间，事前一定要打听清楚。

帽子

耙子

毛巾

短裤

渔网

海滩鞋

大竹篓
把捕获到的贝类装进竹篓里。满了再把好的挑出来放入网子里。

劳动手套、薄的橡胶手套
以防割伤。

折叠椅
长时间弯腰或蹲着容易造成酸痛，坐在折叠椅上较舒服。

◎ 最适合捡贝类的地点是海浪拍打的岸边。

◎ 蛤蜊大小大约 4cm，各式各样的贝类都有，有粗糙、几何图形或直线形等，每个都不一样。

◎ 用耙子从沙的表面刮 3～5cm。蛤蜊有聚集在一起的习性，如果找到一个，会在周边陆续找到其他的。

◎ 为了保护生态，2cm 以下的贝类就别捡吧。

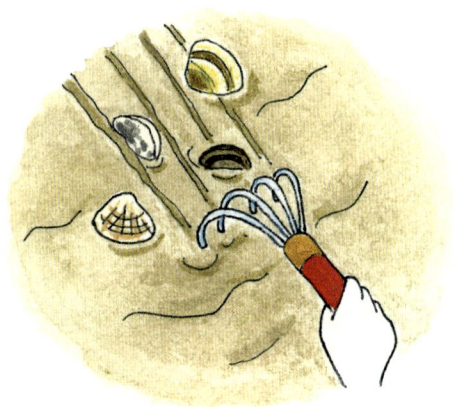

中华马珂蛤

黄褐色，大小 8cm 左右。贝壳粗糙容易被割伤，料理时戴手套较保险。沙子不易取出，但只要用热水烫就能轻松吐沙，当作寿司的材料时称为"青柳"。

镜贝

大小 7cm 左右，外形圆滑银白。生长于比蛤蜊更深海的地方，从沙的表面往下挖 30cm 左右可以找到。

中华马珂蛤    镜贝    竹蛏    文蛤    鸭蛤蜊

竹蛏

长约 10cm，把盐撒在圆形洞里，就会冒出细长的头，伸手去拉即可捕获。

文蛤

大小 6cm 左右，生长于比蛤蜊更浅海的地方，不太容易找到。

鸭蛤蜊

大小 3cm 左右，表面光滑，跟中华马珂蛤一样用热水烫才能吐沙。

带回蛤蜊的方法

把蛤蜊和海水倒入冷藏箱里，回到家后再吐沙。

没有冷藏箱的话，把贝类洗净沥干，放入夹链袋亦可，回到家后再吐沙。

用塑胶瓶将海水装回家，吐沙时可使用

蛤蜊的吐沙方法

① 相互摩擦蛤蜊的壳冲洗表面。

② 蛤蜊平放在滤网上，不重叠。底下再放一层容器。

吐出来的沙和水会流到下面的容器内

③ 用带回来的海水或自来水，制作3%的盐水（500CC的水，放1大匙的盐），倒蛤蜊，使蛤蜊稍微浮出水面即可。

盐分3%

④ 把报纸铺在上面遮光，静置2～3小时，蛤蜊吐沙完成。

蛤蜊在幽暗的环境下更容易吐沙喔

在超市买的蛤蜊，也必须用同样的方法吐沙

吐完沙后放入保存袋，即可冷冻入库保存。料理时不需要再解冻，在未料理的状态下不容易开口，只要高温加热，马上就会打开。没有打开的就丢掉吧！

吐沙后即可冷冻

材料（易料理的分量）

- 蛤蜊　　200g
- 葱花　　适量
- 辣椒　　依个人喜好的量
- 酱油　　1大匙
- 酒　　　2大匙

酒蒸蛤蜊

锅内放入蛤蜊和酒，依个人喜好放入切成轮状的辣椒，开大火盖上锅盖蒸煮，等到蛤蜊全开后，淋上酱油并撒上葱花就完成了。

材料（2杯份）

- 蛤蜊　　300g
- 米　　　2杯
- 酒　　　4大匙
- 酱油　　2大匙
- 味醂　　1.5大匙
- 盐　　　1小撮

蛤蜊饭

白米洗净沥干，放置筛网备用。锅内放入蛤蜊和酒，开大火蒸煮待蛤蜊全开后去壳，剩余的汤汁备用。把米放入电饭锅，加入汤汁、酱油、味醂、盐及适量的水炊煮，饭好后再加入蛤蜊搅拌。

材料（2~3碗）

- 蛤蜊　　200g
- 味噌　　1大匙
- 酒　　　1大匙
- 水　　　300CC
- 葱花　　适量

蛤蜊味噌汤

在锅内放入水、酒和蛤蜊煮沸，等到蛤蜊全开后把汤渣取出，溶解味噌并撒上葱花，味噌的量依种类不同而调整。

以感恩的心情，享用亲手拾获的食材

六月

水无月

旧历的六月正是最闷热的时期，水汽干涸，所以称为"水无月"。又称"焦月""炎阳""极暑""鸣雷月"，或是相反的"凉暮月""风待月""松风月"等各式各样的称呼。

6月

1 日　　冰的朔日 / 换衣季	**16** 日　　嘉祥日

2　　　又称冰的节句

17　　　和菓子日

3

18

4　　　适宜播种稻米、麦子等"芒"谷物的时期

19

5

20

6 日 (左右)　　芒种 (二十四节气)	**21** 日 (左右)　　夏至 (二十四节气)

7

22　　　北半球的白昼最长的一天

8　　　"芒"指谷科植物果实外壳的针状物

23

9

24

10

25

11 日 (左右)　　入梅	

26

27

12

28

13

29　　　前半年的最后一天

14

	30 日　　夏越大祓

15

🟩 二十四节气　　　🟥 其他仪式或习俗

六月进入梅雨季，看着混浊阴沉的天空，不知不觉也失去了动力。眺望路旁的绣球花，被雨水洗礼过后就像水彩画般灿烂美丽，顿时让人感到下雨真好。许多虫儿禁不起花蜜的诱惑正忙着采蜜，但绣球花没有花蜜可采，它们是被鲜艳的色彩吸引吧。然而，我们不也是一样不禁停下脚步，观赏绣球花的美丽吗！

六月虽然没有国定假日，却会举行许多活动，还有很多美食能享用。虽然阴雨绵绵的天气令人忧郁，但可不能偷闲，好好地享受梅雨季吧！

六月的诞生花
百合花

花语：
白色是"纯洁"

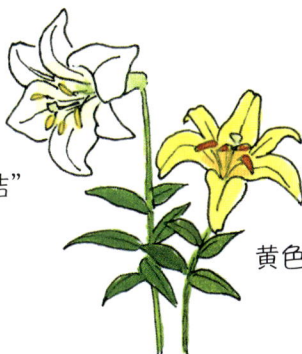

黄色是"不掩饰的爱"

六月
当令食材

梅子

二月花朵盛开，六月结为果实，在未完全成熟时，果实略带苦涩，多加工处理。

青梅

成熟前的果实又青又硬，最适合做梅酒。

梅酒的做法详见 P154

完熟梅

成熟后的果实，整颗为橘黄色，最适合做腌梅子。

自然落下的熟果可直接食用，吃起来像洋李

隐元豆

豆子未熟、连豆荚一起吃的称为"四季豆"，将成熟的豆子干燥后食用的为"隐元豆"。据传是在江户时代，最初是由中国明朝一位僧侣"隐元"把四季豆引进日本，所以依此命名的。

经典料理！芝麻四季豆

① 把四季豆的根切除，分三等份。

② 等到锅内的水沸腾后加盐，把四季豆彻底煮熟，放入筛网冷却。

四季豆最好煮熟食用，不然会有中毒的危险哟

③ 混合芝麻粒、酱油、砂糖，和四季豆搅拌均匀即可。

材料（2 人份）

- 四季豆　　80g
- 芝麻粒　　1 大匙
- 酱油　　　1 小匙
- 砂糖　　　1 小匙
- 盐　　　　适量

嫩姜

初夏时是嫩姜盛产的季节，这个时期的嫩姜细致柔软，不辛辣而微甜。根茎部分是鲜艳的红色。

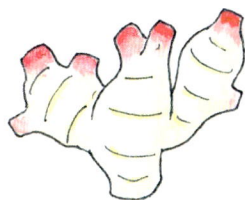

🌿 寿司店的姜丝，在家也可以简单做

材料

- 嫩姜　　200g
- 醋　　　100CC
- 砂糖　　3 大匙
- 盐　　　1/2 小匙

① 把醋、砂糖、盐放入耐热容器后用微波炉加热 1min，搅拌制成腌汁。

② 削皮后用切片器切成薄片。

用汤匙削皮很方便

③ 用滚水把切好的嫩姜煮 1min 左右后捞出，放入筛网沥干水分。

④ 倒入①的腌汁，冷却后放进冰箱 3 小时以上以至入味。沥干水分。

经过数日腌渍后，更加美味

🌿 道地的姜汁汽水

材料

- 嫩姜　　100g
- 砂糖　　100g
- 水　　　100CC
- 柠檬汁　1 大匙
- 辣椒　　1 根
- 肉桂棒　2 根
- 没有也 OK

① 嫩姜去皮后磨成泥，将砂糖、水、辣椒、肉桂棒放锅内开中火。

② 充分搅拌均匀，等到砂糖溶化，沸腾后转小火。

加入柠檬，颜色会瞬间变成粉红色喔

③ 煮 10mins 左右加入柠檬汁后熄火。

④ 过滤颗粒，装入瓶内并放入冰箱保存。姜汁和汽水的比例是 1:4 或 1:5，这样就完成地道的姜汁汽水了！加入奶茶里也很好喝！

有点辣的口味

冰的朔日
六月一日

六月一日又称为"冰的朔日"，食用供奉过神明的冰和冰饼已成为一种习俗。古代宫中，在六月一日这天有个仪式称为"冰室的节会"，这是为了不被酷暑击倒，而把保存在冰室的冰拿出来享用。冰室是把冬天自然结成的冰，保存到夏天使用的仓库。在没有冰箱的年代，冰变得更加珍贵，虽然现在很少听到这个习俗，但在这天，一方面期许夏天能平安度过，一方面享用冰品也是个不错的选择喔！

岁时记趣事 清少纳言也吃过刨冰！？

清少纳言的《枕草子》散文集里，有这么一段记载。

"高贵之物……淋甘葛于冰，盛于新金碗。水晶念珠。藤之花。覆雪梅花。"

用现代语解说便是"高贵的事物……将甘葛淋在刨冰上，盛装在新的金属碗里。水晶念珠。藤之花。梅花上覆盖积雪。"

没想到平安时代就有刨冰，只不过这是地位崇高的贵族才能享有的奢侈权利。把刨冰形容为水晶和花，不愧是清少纳言。在没有冷气和冰箱的时代，夏天的冰显得如此典雅，增添了几分文人风雅。

🌱 手作柠檬雪酪

① 把砂糖和水放入锅内加热，砂糖煮到完全溶化后，离火加入柠檬果汁。

② 倒入模型内，放凉后放入冰箱冷冻。2～3小时后取出，用叉子搅散并再次放冰箱冷冻，结冻后即可食用。

柠檬果汁1个份（30~40CC）

水 200CC

砂糖 70~100g（依个人喜好）

衣物换季
六月一日

六月一日是衣物换季的日子。这天亦是学校、企业更换为夏季制服的时候。据说在穿和服的时代，六月时有把里面的夹袄更换成单衣的更衣习俗。

我们家收纳的空间并不大，每到换季时会觉得很麻烦，但很奇妙的是，当我穿上夏天的衣服，轻盈的布料使整个人感觉轻松许多，有那种"今天开始冲刺吧！"的不可思议感。日本是个四季分明的国家，随着大自然的变化，衣物换季已成为一种风俗习惯。

> 六月一日这天换上夏季服装

换季时的注意事项

其一
首先必须清洗或送洗有袖的衣服。直接收起来，容易泛黄或产生污渍，而引虫蛀。

其二
湿气容易滋生霉菌，送洗回来的衣服用塑胶袋包好收纳。

其三
易于产生皱褶或变形的衣物，放收纳箱时以八分满为佳。

岁时记趣事　四月一日为"绵贯"

四月一日称为四月朔日，又称为"绵贯"，从汉字很难想象这跟衣物换季有何关联吧。在平安时代旧历四月一日和十月一日为宫中例行的更衣仪式。四月一日换季时会把棉衣收起，因此称为"绵贯"。

潮湿季节的妙物"竹炭"

换季时适逢梅雨季，试试看用竹炭来调节湿度。竹炭是由竹子炭化而成。除了能除湿、净化空气和水，还有除臭、杀菌、促进血液循环等功效。只要用自来水清洗风干，就可重复使用，非常环保！

> 就像魔法杖一样呢

一开始

使用前先洗净，接着煮沸十分钟以消毒，取出后日晒到全干。

> 三个月左右就要更换新的竹炭

室内

产生的负离子能净化空气，使居住更为舒适。

> 放入篮子里作为装饰品也很好

鞋箱

用布包裹放置鞋箱内，可除湿消臭。

> 放入鞋内效果更佳

衣柜、壁橱

用布包裹置于衣柜、壁橱，有防虫、除湿、防霉等功效。

> 也可将木条栅板置于壁橱，把竹炭放进其空隙中

洗手间

放在地上或放入袋子里悬挂在墙上以除臭。

包得可爱一点心情会更好

浴澡

将竹炭装进纱布袋和网袋中放入浴缸，竹炭释放出的矿物质，使汤质如同碱性温泉一般。另外，释放出的远红外线能促进血液循环。

使皮肤更光滑细致

冰箱

用纸包裹放入冰箱，除臭的同时也保持蔬果的新鲜度。

饮用水

直接放入水里静置一天，可去除氯的味道，竹炭释放出的矿物质使水更加香醇。

自制的矿泉水

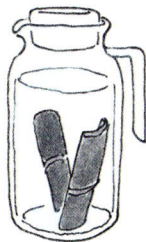

米箱

直接放入米箱，防虫、除湿，还有脱臭的效果。旧米也能变得更加好吃。

煮饭

淘米后直接放入电饭锅中。富含丰富的远红外线效果和矿物质，使白饭口感更加弹牙！

入梅
六月十一日顷

　　入梅，在月历上指的是开始进入梅雨季这天。即便如此，也因为地区和气候而有所差异，因此气象局播报宣布进入梅雨季时，才是实际进入梅雨季的基准。

　　"梅雨"这一词是从中国传到日本的说法，据说是因为梅子的果实在成熟时期正好是雨季。另外一种说法，则因为湿气重，容易滋生霉菌，称为"霉雨"，后来延伸为"梅雨"。

　　讲到梅雨，大都是不好的印象居多，像是"洗好的衣服不容易干""潮湿而感到不舒服""容易滋生霉菌"等。但是，在水分不充沛的盛夏来临前，降下雨水滋润大地的"甘霖"是多么重要呀。在这段时期不妨欣赏被雨淋而呈现不同颜色的美丽绣球花，或酿制梅子，在梅雨季节时也有许多有趣的事。

雨的名字

除了梅雨之外，雨会随着季节或降下的方式，有很多有趣的名字。

春雨

春天的后半时期，绵绵不断降下的雨。

有一种食物叫春雨（粉丝），
因形状像春雨一样细长而得名

水晶花雨

初夏时，就像水晶花一般，下个不停的雨。

时雨

秋末冬初时，时下时停的冰冷阵雨。

突然间一阵雨后又恢
复蓝天白云的天气

分龙雨

夏季时，古人以为龙掌管不同区域所降的暴雨。

神立

原指雷鸣，夹带雷的雷阵雨。

雷声就像神明有
所告诫

喜雨

夏天连续数日艳阳高照后所降下的雨。

感激不尽

天泣

明明天空没有云却下起雨来，又称"狐嫁人"。

有种迷信说法，天泣时
也是狐狸嫁人的时候

肘笠雨

突然降下的阵雨，用手肘代替雨伞遮雨，跑到屋檐下的样子。

手作晴天娃娃

① 用卫生纸揉成圆状，再用另一张卫生纸包裹。

② 用橡皮筋绑住脖子，再找一条可以悬挂的绳子绑住。

③ 用奇异笔画上脸的轮廓就完成了！

让明天放晴吧

加上缎带和贴花，晴天娃娃会更加可爱喔。

不可思议的绣球花

　　每天经过相同的地方时，总会发现路上的绣球花颜色不断地改变，就算是同样的品种，依盛开的地点或时期，花的颜色都会不同，所以绣球花又名"七变化"。因为这种特性，花语的意思就是"见异思迁，朝三暮四"。送绣球花时，一定要三思呢。

　　花的颜色深受土壤的酸碱质影响，酸性时呈现蓝色系，碱性则呈现红色系，是不是很像石蕊试纸呢？但石蕊试纸是相反的喔。日本土壤属于弱酸性，蓝色系的绣球花较多。相对的，欧洲属于碱性土壤，粉红色系的较多。

碱性 → 红色系
酸性 → 蓝色系

漫步镰仓　赏绣球花的好时节

　　这个时节常常因为担心天气不好而不敢出门吧。无论有没有下雨，来趟赏绣球花之旅如何呢？

　　在古都镰仓的寺院里开了绣球花，等着你体验赏花趣。以下是无论如何一定要走一趟的两条散步路线。

> 6月中旬至7月上旬正是赏花的好时节

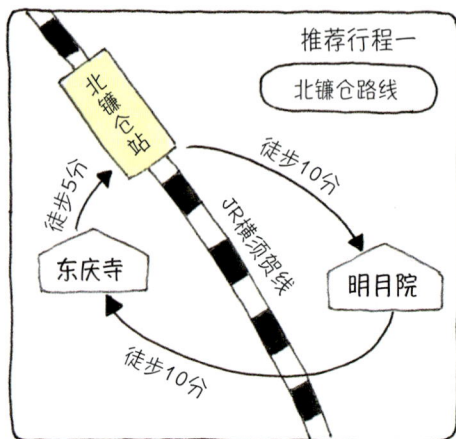

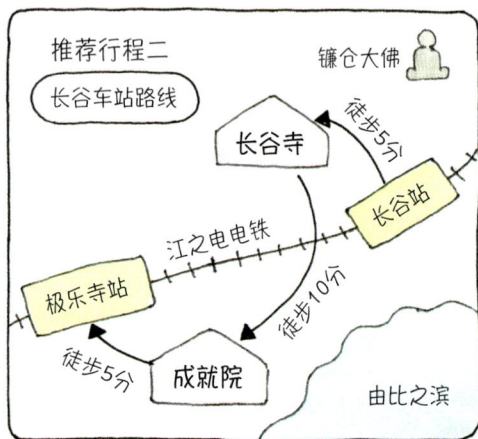

推荐行程一

北镰仓路线

北镰仓站 徒步5分 东庆寺
北镰仓站 徒步10分 明月院
东庆寺 徒步10分 明月院
JR镰沪兔线

推荐行程二

长谷车站路线

镰仓大佛

长谷寺 徒步5分 长谷站
长谷站 徒步10分 成就院
成就院 徒步5分 极乐寺站
江之电电铁
由比之滨

明月院

有绣球花寺之称的"明月院"以清一色的水蓝色绣球花闻名。沉浸在整片的花丛里，有如在绣球花的海中游泳般。

另外付费的话，可从有"满月窗"之称的圆窗，边欣赏庭院盛开的花菖蒲边享用茶点。

东庆寺

除了绣球花，还有颜烟草、花菖蒲等各种各样的花都在这个时期盛开。沐浴在色彩缤纷的花海中享受片刻宁静。

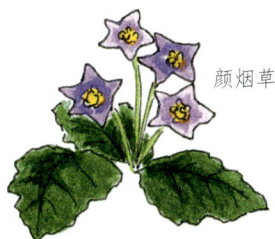

颜烟草

长谷寺

在能远眺海景的步道的山坡上，种满了缤纷的绣球花。走进步道，两侧的绣球花也随着步伐而变化，时常让人忘记时间。在人多的时候，需要长时间等待，建议越早去越好。顺道一提，进长谷寺赏花有时间限制，寺方会发场券。而从长谷寺步行五分钟左右，便能到由比之滨和镰仓大佛，这一路上也有很多美味的小吃店喔。

成就院

进入成就院，境内有一条两边开满绣球花的长阶梯，称为"绣球花参道"，据说阶梯两侧花株的总数和《般若心经》的字数相同，总共有262株。从阶梯的最顶端往参道眺望，穿过绣球花可见由比之滨，真是奇迹的组合啊！一定要来看看喔！

缘结御守

本院的结缘护身符相当受欢迎

腌梅子

梅雨季时期,最高兴的事莫过于"腌梅子"!光想着今年要做哪一种梅子就觉得好兴奋。我超爱吃梅子,从祖母那一代开始家里都会腌梅子,所以我算是吃梅子长大的,那时吃的都是腌渍时放了超多盐的陈年梅子。

因为吃了太多,梅子总会被妈妈没收,没有办法只好连果仁都吃了。梅子的果仁是"仁(天神样)",很好吃喔!奶奶常说吃果仁会比较聪明,可惜对我来说好像没什么效果。

长大后我会用烧酒或尝试放入各种不同种类的糖酿制梅酒,然后试试看哪个比较好喝。做法很简单,只要放进材料静置几个月就可以吃到好吃的梅子,就算是不擅于做料理的人也不容易失败。

梅子的果仁
仁
(天神样)

未成熟的果仁有毒,腌梅子时一定要选用成熟的果仁才能食用

自制梅酒、乌梅汁

备料

黄澄色的熟梅一般用于腌梅子,青色、较硬的则用于梅酒、乌梅汁

① 彻底洗净,浸泡3小时去除涩味。

② 用厨房纸巾一个一个地擦干,然后用牙签戳个小洞。

③ 再用厨房纸巾蘸白酒,擦拭玻璃瓶消毒。

挑选密封的罐子才能保存

梅酒

① 把备用的青梅和冰糖交互地放入瓶中。

准备容量4L以上的容器

材料
- 青梅　　1kg
- 冰糖　　700g
- 白酒　　1.8L

② 倒入白酒盖紧瓶盖，置于阴凉处保存。

慢慢入味更加好喝，请耐心等候

品尝味道的变化是喝梅酒的妙趣

虽然放置半年就可以饮用，但放上1年以上味道会更浓郁香醇！

乌梅汁　适合不喝酒的人，小孩也可以饮用喔。

① 把备用的青梅和冰糖交互地放入瓶里，盖紧瓶盖。

准备容量3L以上的容器

材料
- 青梅　　1kg
- 冰糖　　1kg

冰糖可用蜂蜜、上白糖、黄砂糖等替代。

② 置于阴凉处，1天摇晃瓶子1次。

释放出的梅精，会使梅子变得清脆

将乌梅原汁加入优酪乳或刨冰也很美味

③ 2～3周便完成了，饮用时乌梅原汁和水的比例是1:4或1:5，水换成汽水也可以！

嘉祥日
六月十六日

　　"嘉祥日"是开心享用和菓子的日子。据说公元848年日本瘟疫蔓延，仁明天皇在六月十六日把年号改为嘉祥，也在当天准备了十六件和菓子祭神，借此祈求神明庇佑控制疫情。因此，六月十六日这天遂变成"嘉祥日"，有吃和菓子消灾解厄、招福的习俗。

　　昭和五十四年（1979年），日本和菓子协会更将这天定为"和菓子日"。和菓子蕴含日本文化的精粹，借由四季不同的和菓子体验日式美学，例如由手工雕刻而成的菊花瓣、透明的水羊羹里游动的金鱼。和菓子的精致造型宛如一件艺术品，足以成为日本的代表。

　　现在虽然没有规定非要十六个不可，但在这天一边祈求健康平安，一边品尝各式各样的美味和菓子，体察先人的用心与智慧吧。许多和菓子店家会在这个时期，特别制作季节限定的和菓子。

季节的和菓子

1月：花瓣饼

2月：莺饼

3月：萩饼

4月：樱饼

5月：柏饼

6月：水羊羹

7月：土用饼

8月：蕨饼

9月：赏月团子
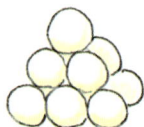

10月：豆大福

11月：芋羊羹

12月：金锷

用太白粉自制水馒头

在这个季节，最适合享用冰凉的和菓子，这里要介绍超简单的和菓子做法。

透明感更
显清凉

材料（4人份）

- 太白粉　　　2大匙
- 砂糖　　　　2大匙
- 水　　　　　200CC
- 豆沙馅　　　80g

（市售罐头）

① 把水、太白粉、砂糖倒入锅里，
　 开中火不停地搅拌加热。

② 直到呈透明黏糊状后关火。

黏黏的

③ 在沾了水的容器里，先把②倒一
　 点进去，中间放豆沙馅儿后，再
　 倒②，像覆盖在上面一样，可做
　 成4个。

④ 冷却后放入冰箱1～2小时就
　 完成了。

用牙签从边缘转一圈即可
轻松地从容器中取出

用茶杯之类的
杯底较窄的容
器做最适合

长时间冷藏会变色，口感也会变质，尽早食用
为宜。依个人喜好也可撒上黄豆粉喔！

夏至
六月二十一日顷

夏至这天，是北半球一年之中，白天最长，夜晚最短的一天。和白天最短的冬至比起来天多亮了四小时以上，就算到了晚餐时间，天空依然蔚蓝明亮，感觉一天变长了，有种赚到了的感觉呢。月历上从这天开始正式进入夏天，但实际上仍在梅雨季节，酷暑的高峰期提早了一个月左右来报到。在梅雨季节连着几天洗的衣服都不会干，不禁令人深刻体悟阳光的珍贵。

所以夏至就是感谢太阳的日子。夏至和冬至不同，没有特别的活动，但近年来有个称为"烛光之夜"的活动，是在最短的夜里点上蜡烛，非常受欢迎。

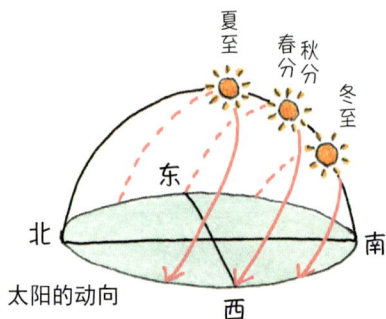

夏至　春分秋分　冬至

北　东
南
西
太阳的动向

在冲绳

夏至前后吹的风，称为"夏至南风"。此风一来，便预告梅雨季节将结束，真正的夏天即将到来。

梅雨季节结束了

二见兴玉神社的夏至祭典

只有在夏至前后，在三重县伊势市的二见浦，可观赏太阳从著名的"夫妻岩"中间升起的绝美景象。
在充满着太阳活力的夏至，当地的居民会在夫妻岩前面一边欣赏日出，一边祈祷平安健康。

夏越大祓
六月三十日

六月三十日为一年的折返点。每年到了这一天，意味着一年已经过了一半。此时才惊觉时光飞逝，想好好地规划剩下的半年的人应该很多吧！

这天，日本各地的神社都会举行夏越大祓，消除前半年累积的罪恶和污秽，祈求在剩下的半年能够健康平安。"夏越"这个名词在现代已经很少听到，对照十二月的"年越"，六月的最后一天就称为"夏越"。在这天要绕过茅之轮净身，然后吹着纸人偶，象征已经把自己半年来的罪恶和污秽转移到纸人偶，随着海或河川漂流而去（近年保护环境意识抬头，多改用焚烧方式）。

绕茅之轮的方法

①左②右③再从左边绕回来，最后回到正面④绕进去后，走进神殿参拜。

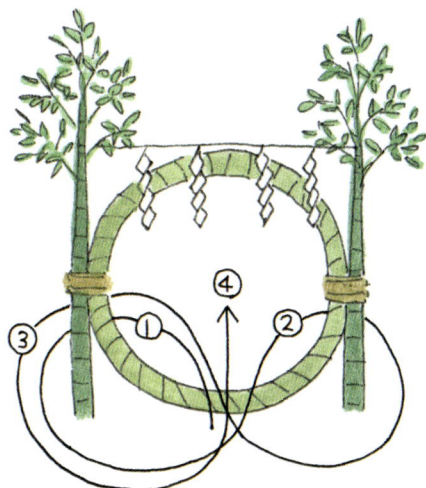

像是写数学符号"∞"，主祭官进行消除仪式时也是相同方向

食用水无月

京都的夏越大祓有享用和菓子"水无月"的习俗。三角形白色米粉糕，上层铺上具有除魔之意的蜜红豆，三角形代表消除暑气的冰。

去看萤火虫

　　夏夜，闪烁着光亮的萤火虫，在河畔边飞来飞去，形成一幅美妙的季节景致。很多人都没看过萤火虫，尤其是数十年来生活在大都市的人们。记得小学的时候，第一次在乡下的河边看到时，非常兴奋，直到现在仍记忆犹新。不管是在黑暗里轻飘飘虚幻的亮光或是忽亮忽暗柔和的光芒，令人百看不厌呢。在大都会里，几乎是不可能看到萤火虫的身影，然而近年有越来越多人工复育的萤火虫供人观赏，从夏至左右开始，正是观赏萤火虫的最佳时机，或许在散步时能遇见萤火虫的踪迹！

观赏萤火虫的重点

日本最具代表性的两种萤火虫是体形和发光亮度都较大的"源氏萤"和体形较小的"平家氏萤"。两种交替飞舞的样子就像源平合战。

· 气温和湿度都高、月光微弱的夜晚是最佳时机。
· 不可使用任何会制造光源的东西，例如手电筒、照相机的闪光灯等。
· 安静观赏，不可大声喧哗。

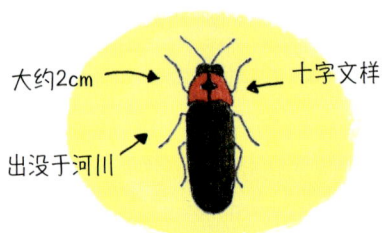

源氏萤火虫   平家氏萤火虫

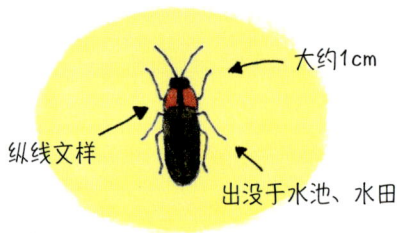

大约2cm ← → 十字文样   → 大约1cm
← 纵线文样
出没于河川   出没于水池、水田

源氏萤火虫的闪烁频率在关西和关东据说有所差异。
关东约四秒一次，关西则是两秒一次。

岁时记趣事　　囊萤映雪

讲到萤火虫的光，有个典故……

中国古代的晋朝，有孙康、车胤这两位好学不倦的年轻人。因家境贫寒，买不起灯油，每当夏天的夜晚，车胤就把抓来的萤火虫放在袋子里，利用微光读书；孙康则在冬天的雪夜里，透过窗户映照的雪光读书，两人勤学苦读后都出人头地。因此有了"囊萤映雪"的成语，以比喻不论在多么艰难的情况下，仍旧克服困难，勤学苦读达到成果。

最初听到这个故事时，真是让我听到出神，用萤火虫的光来当灯光，是件多么浪漫的事啊！后来反复思量，萤火虫的光是如此微弱，在幽暗的地方读书，实在令人佩服。

顺便一提，毕业典礼和商店打烊时一定会播放的《萤之光》歌曲里，有这么一句"萤之光、萤之雪"我想应该也是源于这个故事吧！

　　六月是结婚季。"六月新娘"是源自罗马神话里出现的女神朱诺（Juno），朱诺是六月的女神，据说她会保护和祝福结婚的女性。毕竟是源自西方的文化，对日本人来说也许就像"大安"的意思。在月历上会看到标记"大安""佛灭"等，称为"六曜"，记载当日的吉凶运势。这就像西洋流行的占星术，日本人根深蒂固地相信这些迷信，例如喜事时喜欢在"大安"，在"佛灭"时则诸事不宜。

先胜
凡事先做为宜。上午吉、下午凶。

友引
会把灾难带给朋友，所以不适合办丧事。早晚吉，只有正午为凶。

先负
凡事后做为宜。上午凶、下午吉。

佛灭
诸事不宜，就像佛祖也会灭亡的大凶日。

大安
吉日，诸事皆宜，尤其宜办喜事。

赤口
正午为吉，其余全为凶。赤会让人联想到火灾和刀枪，小心有血光之灾。

　　顺便一提，日本现在所使用的星期称为"七曜"，星期日＝太阳、星期一＝月亮、星期二＝火星、星期三＝水星、星期四＝木星、星期五＝金星、星期六＝土星。以前用肉眼可观赏的行星群，如今变成守护神眷顾着人们。

日　月　火　水　木　金　土

七月

文月

七夕时，人们有写诗文的风俗习惯，因此称为文月。另有一说为，此时也是稻穗成熟丰满之际，所以称为"含月"，从含月又延伸为文月。其他又称为"七夕月""七夜月""女郎花月"等。

7 月

1 日　开山式

2 日 (左右)　半夏生

3
结束插秧的时期

4

5

6

16

17

18

19

20 日 (左右)　**进入夏季土用期**

21
夏季土用 = 立秋
前 18 天期间

22

7 日 (左右)　**七夕 / 小暑** (二十四节气)

8

9

10

11

12

13

14

15 日　中元

23 日 (左右)　**大暑** (二十四节气)

24
最酷热的时候

25

26

27

28

29

30

31

二十四节气　　　　　其他仪式或习俗

梅雨季从南一路往北渐渐退去，日本列岛的天空仿佛涂上了靛青色颜料般澄清明亮。真正的夏天终于来了！

说到七月，脑海里浮现的画面就是七夕，不禁使人抬头仰望星空，寻找那隔着银河相望，远距离相恋的织女星和牛郎星。七日也是梅雨停滞在本州的时间，这天东京放晴的概率大约是26%，就算是晴天，受到月光的影响也可能看不到银河。听说有幸看到罕见的银河的人，在长条诗笺上写下的愿望就会实现呢！

过了梅雨季，白天出门时虽然会因为炎热而感到不舒服，不过夏夜的空气有种不可思议的舒适感。当听到祭典的太鼓和烟火的声音时，就会感到非常振奋。来吧！穿着浴衣一起去参加！

七月的诞生花
花菖蒲
花语：我相信你

七月
当令食材

冬瓜

收成期虽然在夏天，但可以保存到冬天，所以称为冬瓜，有利尿、解热、消水肿等功效。

清爽美味的冬瓜糊

① 切成两半，挖除籽和囊，切成一口大小。

放直立切较安全

用汤匙挖更方便

② 把冬瓜和水放入锅内，开火煮沸后转中火，煮约 5mins。

③ 加入碎鸡肉，把它整个打散，去除浮沫加☆的调味料，用小火至中火煮 15mins 左右。

④ 待冬瓜完全熟透后加姜泥，再倒入搅和过的水和太白粉。

冷藏后再享用也很美味

材料（2人份）

- 冬瓜　　　1/4 个
- 碎鸡肉　　100g
- 水　　　　500CC

☆ 浓缩颗粒高汤　1 小匙
☆ 酱油　　　　　1 大匙
☆ 味醂　　　　　1 大匙
☆ 酒　　　　　　1 大匙
- 姜泥　　　适量
（片状也 OK）
- 太白粉水　适量

番茄

酸甜多汁的番茄是夏天的消暑圣品，尤其是食欲不振时，若是番茄一转眼就能吃光吧。越红的番茄营养价值越高，所以有人说"番茄红了，医生的脸都绿了"。番茄里的茄红素能抗氧化、改善生活习惯病，还可以防癌呢。

毛豆

一到夏天很自然地想吃毛豆，若再配上啤酒，使人无法抗拒呢。令人意想不到的是，毛豆其实就是未成熟的大豆。

好吃的水煮毛豆

材料（2人份）

- 毛豆　　1 把
- 盐　　　1 大匙
- 水　　　500CC

① 把毛豆清洗干净，用剪刀把角剪掉。

为了更加入味

② 撒上半匙的盐，轻轻地用手搓揉。

③ 把另一半匙的盐和毛豆放入滚水，烫 3.5 ～ 4mins。

不停地用筷子搅拌

④ 依个人喜好调整水煮的时间，捞起毛豆放筛网使之冷却。可用扇子扇，加速冷却。

沥干水分

依个人喜好撒上盐

开山式
七月一日

　　七月一日是富士山的开山日。近年登山变成一项热门的休闲活动，但在古代，山被人们当成神一般地崇拜，有些山更是一般人无法任意踏进的神圣场所。

　　富士山就是其中一个！

　　壮丽又神秘的山脉，曾因为火山爆发造成许多伤亡，使人们心生畏惧，对山神的敬畏之心便油然而生。早期爬山是一种宗教信仰，是僧侣的修行之一，近年一般登山客或参加信仰仪式的人，都可以在夏天特定的时间内进出，这就是"开山式"的由来。

　　登山时，感觉整个身心灵都被洗涤，也许就是山神的庇佑吧！富士山是日本的三大名山之一，其他两座为石川县和岐阜县边界的白山与富山县的立山。因为在日本古早诗歌《万叶集》里，曾歌颂这三座山，不知从何时开始，这三座山就被誉为日本的三大名山。

呀～吼～

呀～吼～

呀～吼～

对着山谷大喊会产生回音，是因为山神的回应。山神是指山中妖怪"山彦"

相对地，回应的若是树木里的精灵，叫作"木灵"。

半夏生
七月二日顷

指夏至最后三分之一的期间，也就是七月二日至七月七日的五天，称为"半夏生"。据说"半夏生"之名的由来，是取自这段时期生长的毒草"乌柄勺"，又名"半夏"，所以称为半夏生。

这段时期有一个恐怖的传言"天降毒气，地生毒草"，所以农家通常在进入半夏生之前便结束所有农田的工作，或是不采收野生蔬菜、把水井封住等习俗。现今虽然没有农家这样做了，但关西地区的一些地方在七月二日这天会吃章鱼，以祈求丰收，希望农作物能如同章鱼的脚结实地扎进地下。

章鱼富含丰富的牛磺酸能消除疲劳，是炎炎夏日中最好的食材。其他地区则有吃不同食材的习俗，赞岐地方吃乌龙面；福井县吃青花鱼；奈良近郊则吃小麦饼。

最适合炎炎夏日的七彩凉拌章鱼

材料（4人份）

• 烫过的章鱼	100g	☆ 橄榄油	3 大匙
• 小黄瓜	1 根	☆ 盐	1.5 小匙
• 黄椒	1 个	☆ 柠檬汁	1 大匙
• 马苏里拉奶酪	100g	☆ 荷兰芹（切成碎末）	适量

① 把☆的调味料倒入碗里，使盐完全溶化。

② 将水煮后的章鱼切成小块状，小黄瓜切小段并敲碎，黄椒切小丁状，马苏里拉奶酪切 1cm 左右的小丁状。

③ 把①和②的材料充分搅拌均匀。

适合招待用！

盛夏问候

梅雨过后真正的夏天即将到来,从二十四节气的"小暑"(七月七日左右)到"立秋"(八月八日左右)这段时间称为"暑中"。在这段期间日本人有寄送明信片和礼物、问候亲朋好友的习惯,这样的习俗称为"盛夏问候"。在炎炎夏日里收到印有夏天气息的问候的明信片,任何人都会感到万分喜悦吧。试着写张问候的明信片,给关照过你的人吧!

盛夏问候明信片

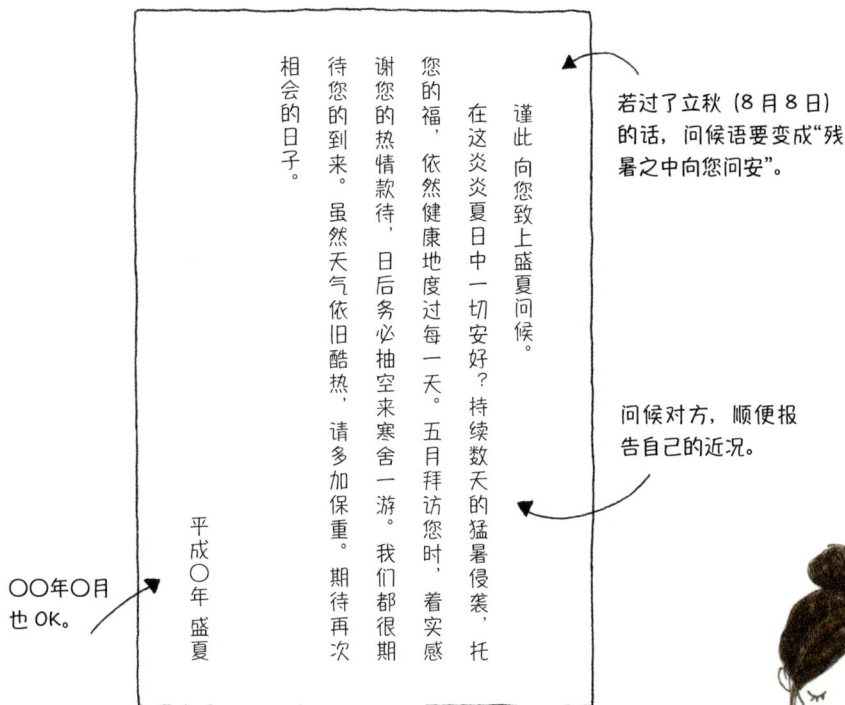

谨此向您致上盛夏问候。

在这炎炎夏日中一切安好?持续数天的猛暑侵袭,托您的福,依然健康地度过每一天。五月拜访您时,着实感谢您的热情款待,日后务必抽空来寒舍一游。我们都很期待您的到来。虽然天气依旧酷热,请多加保重。期待再次相会的日子。

平成〇年 盛夏

若过了立秋(8月8日)的话,问候语要变成"残暑之中向您问安"。

问候对方,顺便报告自己的近况。

〇〇年〇月也 OK。

重要的是心意,写什么都可以

明信片的剪纸

牵牛花　叶子

牵牛花

① 将色纸对折并画上图案。

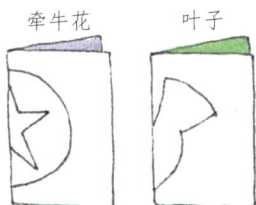

② 沿着所画的线剪下图案。

③ 将图案平均贴在明信片上。

谨此
向您致上盛夏问候。

烟火

① 将正方形的纸对折再对折，并剪
　 出 1/4 大小的弧形。

② 如右图等距剪三角形。

用深色的纸当背景贴上剪纸。

③ 摊开。

盛夏问安

平均地贴上各式各样
花纹的剪纸。

173

七夕
七月七日

　　每到七夕前夕，商店街和购物商场到处都放置着能挂上红红绿绿长条诗笺的细竹，点缀过节气氛。看着随风摇曳的长条诗笺，已经能感受到夏天的到来。无论男女老少，每个人都写下愿望，微笑地抬头看着自己的长条诗笺。期望这项传统习俗能够绵延不断地传承下去。

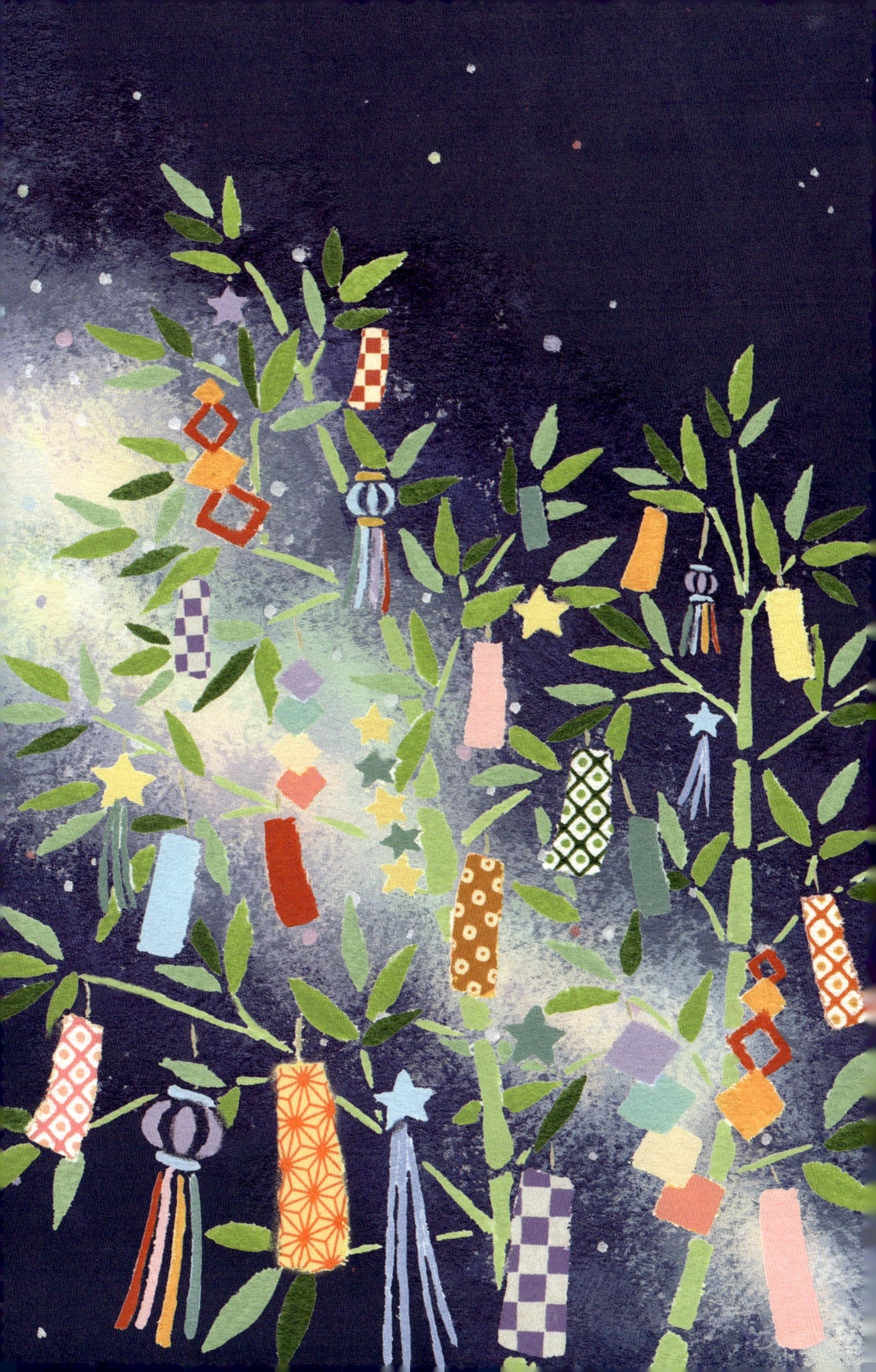

"牛郎"和"织女"的故事

"七夕传说"是起源于中国古老的神话故事。织女是玉帝的女儿，擅于织布。玉帝将女儿许配给同样辛勤工作的畜牧者——牛郎。婚后夫妻俩过得很开心，却只顾着玩乐而忘了工作，因此震怒的玉帝画了一道银河，把牛郎、织女分隔两地，只允许每年七月七日这天相会。在夏天的夜空有两颗非常闪亮的星星，一颗是天琴座的织女星，一颗是天鹰座的牛郎星。

为何要在细竹上挂上长条诗笺呢？

常会看到细竹上挂着很多长条诗笺，上面写着"全家平安健康幸福""金榜题名"等各种愿望。其中不乏令人莞尔一笑的愿望，像是孩子们童言童语的爆笑愿望，大人们天马行空的梦想……然而为何在七夕这天，人们要把长条诗笺挂在细竹上呢？

在古代中国，七夕时有项祈求裁缝技艺精进的仪式称为"乞巧奠"，后来便以"七夕"这样的节日传入日本。从前认为芋叶上的露水是"银河水"，人们会将露水收集起来磨墨，在梶叶上写下希望能精进笔艺或所学之事的诗歌，于是慢慢演变成在纸上写下自己的愿望，挂在细竹上作为装饰。

顺便一提，日本耳熟能详的"细竹的叶沙沙作响"旋律，歌曲名叫《七夕样》，其第二段歌词里出现了"五色的长条诗笺"，这五色知道是指什么颜色吗？答案是"青（绿）、红、黄、白、黑（紫）"。这是从中国的"五行思想"而来。五行思想认为宇宙是由"青（绿）＝木""红＝火""黄＝土""白＝金""黑（紫）＝水"这五种基本元素所构成。还有，端午节的鲤鱼旗中的彩旗也是由这五种颜色组合而成。

为什么"七夕"的日文念成"ta. na. ba. ta"呢?

相传古老的日本农村里,巫女用纺织机织祭祀神明的衣物,以祈求秋天五谷丰登。当时所使用的织布机称为"棚机",日文发音为"ta.na.ba.ta",巫女则称为"棚机津女"。据说后来结合中国传入的七夕传说,七夕的念法才变成"ta.na.ba.ta"。

棚机

岁时记趣事 **乘着月亮约会**

月亮的圆缺是由西向东移动,旧历的七月七日左右,傍晚的月亮刚好是上弦月。上弦月的形状和船的形状相似,宛如银河西边的织女(织女星)乘坐月亮,慢慢地朝着东边牛郎(牛郎星)的方向前进。牛郎织女相会的日子为何在旧历的七月七日已不可考,也许是因为以前的人都在七夕的夜晚抬头仰望星空,浮现"织女乘坐的月船,越过银河与牛郎相会"这样的想象而来的吧!

手作七夕装饰

圆条串

① 将一边色纸往下折 2cm，另一边间隔 1cm 剪成条状，但不可剪断。

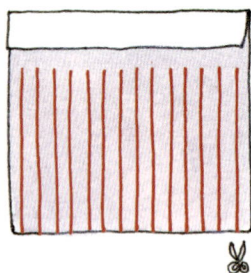

② 用胶水将接合处粘起来。

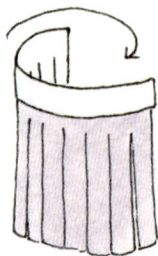

③ 完成了！

贝壳

① 将色纸对折，从对折边等距剪成条状，但不可剪断。

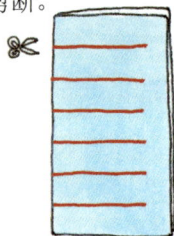

② 展开后将两侧★符号粘起来。

③ 完成了！

纸网

① 将色纸对折后再沿虚线对折。

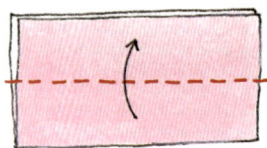

② 交互两边间隔 5mm 剪成条状，但不可剪断。

③ 摊平就完成了！

菱形装饰

① 沿对角线对折。

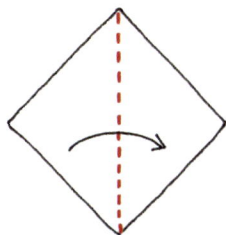

② 沿下图实线剪，不可剪断。

圆形或正方形
皆可！

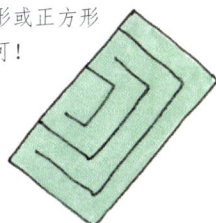

③ 打开后顺着每个开口往下折。

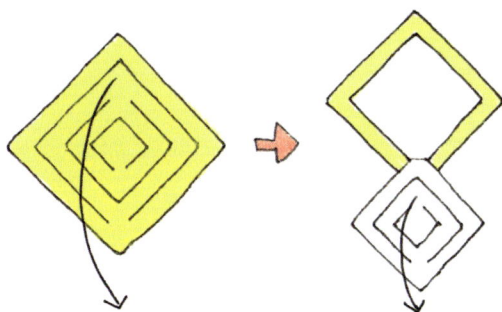

完成了！

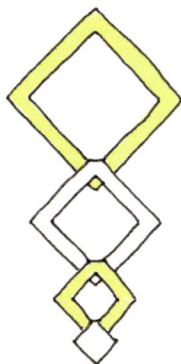

细竹在快接近七夕时，在花店就可
以买到。

如果没有细竹，可以用绳子绑在墙
壁或窗户上，七夕装饰就完成了！

祈求厨艺
更精进

庙会

说到庙会，就会想起在夏日的夜晚逛夜市的景象。记忆中，小时候常常吃棉花糖吃到满嘴黏糊糊、浑然忘我，还将一条从夜市钓到的金鱼养了7年，有许多回忆呢！庙会是庆祝神社、寺庙的神佛诞辰，和神佛结良缘的好日子。相信只要在这天参拜祈求，所有的事都会灵验，当然除了参拜外，别忘了去逛逛周边的摊贩喔！

烟笼草花市

　　每年的七月九、十日这两天，在东京的浅草寺会举办"四万六千日"的活动，意指如果在这两天参拜可得到相当于参拜四万六千日的福分。若一年以365天计算，四万六千日是126年，是将一生的福分一次修得圆满的超级方法。在这段期间，寺内广场的灯笼草花市，摆满了出售灯笼草（属酸浆品种之一）的摊贩，络绎不绝的人潮使会场更加热闹。

　　贩售灯笼草缘起于东京港区的爱宕神社，在庙会时贩售药草，因而扩展到浅草，酸浆的果实就像红色灯笼般讨人喜爱，光看着就觉得很温暖。就算已修得一生的福分，每年还是会想去这样的庙会走走逛逛。

这两天会贩售只有在这时候才买得到的护符"雷除"。古代，会贩卖象征"雷除"的"红色玉米"，但自从稻作歉收后，便以护符的形式替代。"雷除"用以祈求风调雨顺，稻作丰收。

手作灯笼果装饰品

灯笼果可做成夏天装饰品呢，和整株红色灯笼草不同，退去色彩呈现透明的网状纹路，宛如艺术品般掳获人心。做法很简单，在丢弃灯笼草之前要不要试试看呀?

① 把灯笼果放入空瓶，注满水后盖上瓶盖。

> 灯笼果整个浸泡在水里

准备材料

- 灯笼果 2～3 个
- 果酱空瓶或玻璃瓶
- 水

② 静置 1 个月左右。

> 应该还没好吧

③ 从瓶中取出，用水小心翼翼地冲洗并将皮剥掉，不要破坏纤维。外皮若不易脱落的话，换新的水再放置 1 个星期左右后试试看。

> 有些许难闻，忍耐一下吧

> 白色的网纹对比暗红色的果实，是不是很美丽呢

④ 完全脱皮后，待干燥就完成了。网纹的部分若想要白色的话，用漂白剂泡半天左右即可。

就算漂白，果实一样是红色的。

> 秋天时挂在玄关装饰吧

中元
七月十五日

　　"中元节"源自中国道教习俗的三元之一。一月十五日为上元，七月十五日为中元，十月十五日为下元。传到日本的只有中元，这天结合了盂兰节的仪式，向神明供奉祭品，也赠送亲朋好友、生意上往来的伙伴礼盒。这是向平日关照过自己的人表达谢意的最好时机。

送礼的最佳时机

七月初到七月十五日。

（有些地区依照旧历的盂兰节为八月初到八月十五日）

万一错过这个时间，就变成"盛夏的问候"，过了立秋（八月七日左右）则变为"残暑的问候"。

※ 对于长辈则是在"盛夏拜访""残暑拜访"时馈赠礼盒。

早点送吧

礼品预算

亲戚、熟人、长官……　　　3000 ～ 5000 日元
特别关照过自己的人……　　5000 ～ 10000 日元

礼物项目

啤酒、果汁、果冻、季节水果、礼券等。

Gift card

一旦送过一次，每年都要送礼，这是最基本的礼貌，所以送礼前必须想清楚

土用丑日

七月二十日顷

炎热的酷暑导致胃口不佳时，正是"夏季土用丑日"之时。一想到可以吃昂贵的鳗鱼饭，不禁令人食指大动。吃了营养丰富的鳗鱼饭，就好像夏天的暑气整个都被吹散了一样。

土用[1]不是指星期六，那么是指什么呢？明明是牛之日为何吃鳗鱼呢？

丑日[2]的"丑"是十二支中的丑。其实干支不只能用在年，也能应用于月日，每十二天就是一次"丑日"。而"土用丑日"又是什么呢？"土用"指的是立春、立夏、立秋、立冬前的十八天期间，在那期间迎来的丑日便为"土用丑日"。一年之中的春夏秋冬都有土用丑日，夏季的土用丑日有一次或两次，前后分别称为"一次丑"及"二次丑"。这天吃鳗鱼饭补充元气对抗炎炎夏日的习俗也就从江户时代流传下来了。

> 除了鳗鱼饭之外，据说食用字首为"u"的食物都有相同的功效，例如乌龙面、腌制的梅子、瓜类等

岁时记趣事　江户时代的天才广告人

鳗鱼已成为夏天食物的代表，其实天然的鳗鱼在冬天才最为美味。虽然如此，为什么丑日吃鳗鱼会变成习俗呢？

话说江户时代有间在夏季生意惨淡的鳗鱼店，店主向一名鬼才学者——平贺源内讨教。源内想到在土用丑日要吃发音为"u"字开头的食物，因此想到鳗鱼还能一扫夏季疲惫，于是鳗鱼店张贴出写有"今日为土用丑日"的海报加以宣传食用鳗鱼的好处。此举动果然让生意起死回生，其他店家也纷纷跟进张贴，甚至传遍日本各地。

平贺源内以修复静电产生机而有名，就连创造和张贴广告标语的能力也如此优秀，真是一位不可多得的天才！

1　土用：日文的土用和土曜（星期六）发音同为"do.yo.u"。
2　丑日：日文的丑和牛发音同为"u.shi"。

八月

叶 月

旧历的八月是新历的九到十月，是叶子飘落的月份，称为"叶落月"，又称"叶月"。另一种说法是从稻穗结实的月份"穗张月"的"张月"变成了"叶月"，还有其他称呼如"仲秋""月见月""燕去月""雁来月"等。

8月

1 日	八朔

田实节

2	
3	
4	
5	
6	
7	

从这天开始到立冬的前一天，月历上称为秋季

8 日 (左右)	立秋 (二十四节气)

9	
10	
11	
12	

13 日 ↑	盆节／精灵会

| 14 | |
| 15 | |

16	
17	↓
18	
19	
20	
21	
22	

暑气到此时渐渐退去，开始转凉

23 日 (左右)	处暑 (二十四节气)

24 日	地藏盆

25	
26	
27	
28	
29	
30	
31	

二十四节气　　其他仪式或习俗

艳阳高照、蝉鸣合唱是八月盛夏的情景。大人们找寻着遮阳的地方，孩子们则开心地在艳阳下嬉戏。在我小时候，一年之中最喜欢的月份就是八月。

每年暑假都会有一个月左右的时间待在濑户内海附近的外婆家，每天坐着外公的船到离岛游泳、捉螃蟹或捕蝉，一直玩到天黑才回家。过了盆节后，当看到海面上水母遍布，听到从斑透翅蝉变成寒蝉的蝉鸣声时，意味着夏天即将结束。此时，肌肤也会明显感受到季节的变化呢。

这是一年之中最热的时期，就让夏日的太阳烙印在脑海里留下深刻的回忆吧！

八月的诞生花
牵牛花

花语：虚幻的爱情

八月
当令食材

西瓜

汁多味甜的西瓜不但生津止渴，还有利尿、消除疲劳的功效，不愧是炎炎夏日最适合饮用的天然饮料。

玉米

烧、烤、蒸、煮皆可，是夏天的最佳点心。玉米粒的胚尖含有谷氨酸，有降血压、降胆固醇，防止动脉硬化的功效。

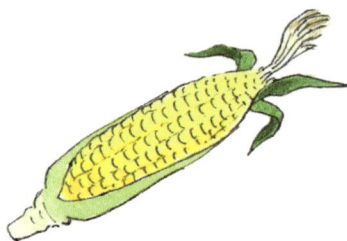

美味的水煮玉米

① 拔除玉米的叶子和须。

② 把玉米放入锅内后加水，水位要覆盖到玉米。盖上锅盖加热。

③ 煮沸后把盖子打开，用筷子搅拌 3mins 左右。

用微波炉的话

拔除叶子和须后沾点水，用保鲜膜将玉米一根一根包好。一根大约加热 4mins。

依喜好的量撒盐。

山苦瓜

又名"苦瓜"，顾名思义就是味道苦涩的蔬菜。苦的成分能降低血糖、控制血压等，在食疗保健方面有很大的功效。

消暑圣品！炒山苦瓜

① 山苦瓜横切两半，用汤匙把籽挖干净后再薄切 3mm。

② 放碗里，撒上少量盐搓揉，用水轻轻洗净后沥干。

> 喜欢苦味的话，不需要加盐搓揉

材料（2 人份）

- 山苦瓜 ⋯⋯⋯⋯ 半条
- 猪肉（薄切）⋯⋯ 100g
- 豆腐 ⋯⋯⋯⋯⋯ 半块
- 鸡蛋 ⋯⋯⋯⋯⋯ 1 个
- 麻油 ⋯⋯⋯⋯⋯ 1 大匙
- 酱油 ⋯⋯⋯⋯⋯ 1 大匙
- 味酥 ⋯⋯⋯⋯⋯ 1 大匙
- 盐、胡椒 ⋯⋯⋯ 少许
- 柴鱼片 ⋯⋯⋯⋯ 适量

③ 把豆腐的水分沥干并切一口大小，猪肉也切一口大小，用盐和胡椒调味。

> 豆腐捏成小块，增加断面积，比较容易入味

④ 平底锅内倒 1 大匙麻油，再打一个蛋用木匙搅拌，半熟时捞起放在盘里备用。

⑤ 用同一个平底锅，放山苦瓜、豆腐、猪肉拌炒。熟透后再放蛋，最后用酱油、味酥调味即可。

> 放入盘中，撒上柴鱼片就完成了！

八朔
八月一日

"八朔"就是"八月朔日（一日）"的简称，指的是旧历的八月一日。到了这个时期，农家会将第一批结穗的"早稻米"分送给对自己照顾有加的人，所以又称为"田实节"。因田实的日文"田の实"（ta.no.mi）和请求的日文"頼み"（ta.no.mi）发音相同，遂演变成送礼给对自己关照有加的人的日子。至今艺伎们或学习日本传统舞蹈的人，仍旧保留这项习俗，送礼给老师以示感谢之心。

顺道一提，水果中的八朔柑，是在广岛县因岛市的寺院里发现的品种，当时的住持说了一句"八朔时也是可以吃的吧"，因而得名。八朔柑的采收时期其实是在冬天，八月食用虽然还算太早，但酸甜又清爽的口感，正是炎炎夏日的最佳圣品。

夏蝉叽叽

讲到夏天，就是蝉的叫声吧！听到鸣叫声，就知道夏天已经来了。蝉群大合唱宛如盛夏午后骤然降下的阵雨"蝉时雨"。在大毒日头底下听蝉声，更加炎热，但把蝉声当成雨声，或许会感到凉快些，也别有一番风情。

在数月里不绝于耳的蝉声，仔细聆听后才发现因为时间和时期的不同，有着各种各样的品种呢。不妨随着蝉声感受入秋的转变吧！

7月

chi~ zi~

蟪蛄蝉

听到蟪蛄蝉开始鸣叫时，就知道夏天到来了。

8月

ka.na ka.na ka.na...

暮蝉

清晨和傍晚都会发出凄美的鸣叫，常常会在日落时鸣叫，所以称为暮蝉。

zi~ zi.zi.zi.zi
zi.ri zi.ri zi.ri

油蝉

日本最多的蝉种代表，鸣声就像油炸食物时所发出的声音，所以称为油蝉。

mi~n mi.n mi.n
mi.n mi.n mi.n mi~

斑透翅蝉

和油蝉一样在酷暑时鸣叫，是盛夏的象征。

9月

tsu.ku tsu.ku bo~shi
tsu.ku tsu.ku bo~shi

寒蝉

夏末时开始鸣叫，代表秋天即将来到。

盆节
八月十三至十六日

"盆节"是盂兰节的简称，又名"精灵会"。八月（有些地区在七月）十三日是迎接祖先亡灵归来的日子，在十六日这天再恭送祖先的亡灵回去。在这段期间，一家人齐聚举行祭奠。每年的这个时候，我都要爬一段好长好长的坡道到外婆家附近的寺庙扫墓。外婆常跟我说："祖先就坐在你的背上，所以你要背着祖先带他们一起回家喔！"每当听到这句话时，真的能感觉到背部变得沉重，但却是温暖的，小心翼翼地爬坡，然后告诉自己："好！身负重任的我，一定要带祖先们回家！"

盂兰节除了悼念祖先之外，也借着这段休假期间，好好珍惜和亲朋好友相处的时光吧！

跟我这样过盆节

8月 （有些地区是7月）

7日 7日盆

清扫墓地或佛坛。

12日 盆市

依地域不同，又称"草市""盆草市""花市"等名称。到专门贩售盂兰节的商店街备妥花、供品、蜡烛等祭拜用品。

麻秆

灯笼

13日 迎魂式

一早会准备一个灵台桌迎接祖先的亡灵。傍晚到夜晚这段时间，前往墓地参拜，在玄关处点燃迎火，迎接祖先的到来。迎火是为了让回家的祖先不至于迷路的指引标记，也会在院子或家门口燃烧麻秆，点起灯笼。

无法准备灵台桌的话，用佛坛也可以

14～15日 这段时间祖先的亡灵会停留在家里。供奉供品，当亲戚到访时也会到灵台桌前祭拜祖先。

16日 送魂式

将祖先的亡灵平安送回另一个世界，点燃送火恭送祖先。

盆舞初始于京都的"五山送火"。将供品或灯笼流放于河川大海，此仪式称为"精灵流"或"灯笼流"，是送走亡灵的仪式。

扫墓的基本方式

祭祖时并没有特定要做什么，最重要的是对祖先要心存感恩。

携带品

香

佛珠

蜡烛

火柴

扫除用具

勺子和提桶

鲜花

供品（故人生前喜欢的食物）、垫在供品下的纸

如果墓地没有的话

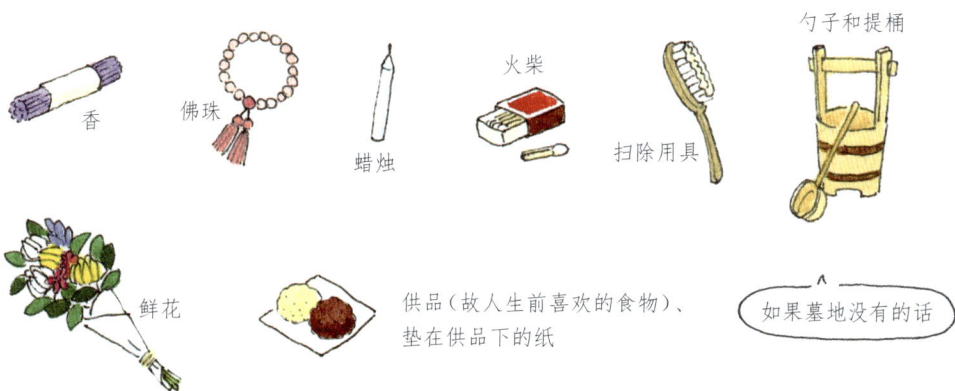

① 把装满水的提桶拿到墓地。清理垃圾和杂草，一边用水浇在墓碑、香台、水盆、鲜花上，一边用刷子清洁。

② 把水浇在墓碑上，花瓶注水并插上鲜花。铺上纸并放上供品后点香。

不可用嘴吹熄香火，必须用手扇熄

③ 手握佛珠，双手合十，向祖先祈求冥福。

以心存感激的心在心里默念，向祖先报告近况

"盂兰节"的由来

"盂兰节"是梵语"Ulambana"的汉字音译，隐含"救倒悬"之意。总觉得字面上看来无安稳感，其实这是有原因的。释迦牟尼的其中一位弟子——目莲尊者，看到自己的母亲在地狱倒悬受尽折磨，于是向释迦牟尼求助。释迦牟尼指示其在七月十五日这天供奉神明，此功德方能使母亲通往极乐世界。因此，旧历的七月十五日遂成为祭拜祖先的日子。

> 7月15日

精灵马DIY

"精灵马"是为了让祖先的亡灵能往返这个世界和另一个世界所乘坐的交通工具。据说希望祖先能早点来访，慢慢地返回，来时骑速度较快的马，去时骑速度较慢的牛。因此用小黄瓜做成的马和茄子做成的牛来代表。

① 把免洗筷从中折断，可做成八只脚。

> 用剪刀一边旋转筷子，一边从中剪开。这样剪后再折，更容易断开

材料

- 小黄瓜　　1根
- 茄子　　　1根
- 免洗筷　　2双

② 小黄瓜和茄子平均地插上四只脚。

仪式结束后随送火一同燃烧，或请寺庙烧掉。在不便的情况下，也可在家里将其抹上盐，洗净后丢弃。

🍃 折纸灯笼

在盂兰节时，会点燃迎火和灯笼以迎接祖先的到来。这边要跟大家介绍的是不需要用火和电，只用纸就能做成的灯笼。这种纸灯笼在七夕的时候，随处可见被拿来当作装饰物。

材料

- 黄色或橘色的纸　1 张
- 个人喜欢的花纹的色纸　1 张
- 胶水和剪刀
- 细绳　适当的长度

（宽 15cm）

用黄色和橘色的色纸，更有灯火的感觉

① 黄色方形色纸剪掉上端 3cm。

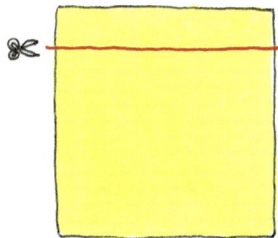

② 色纸卷成柱状，把留 2cm 的黏合处粘起来。

③ 再拿另一张色纸，把上下端反折 1cm。

④ 对折并如图剪成条状，但不可剪断。

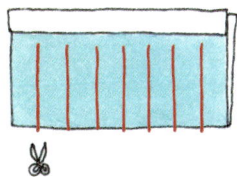

⑤ 打开④的色纸，并把②的芯柱包在里面。

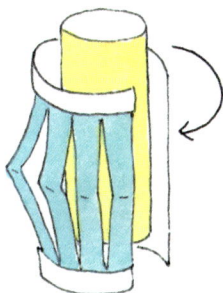

⑥ 上端左右两边钻个小洞并用细绳穿过绑好。

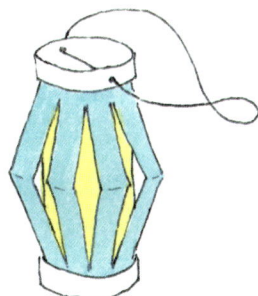

消暑气

借着一些方法达到凉快感的称为"消暑气"。夏天时有些地区甚至热到超过35℃，大家是怎么度过炎炎夏日的呢？

在老家不管有多热，从来没开过空调，只用电风扇熬过夏日。在炎热的夜晚，热到睡不着就会起身去找凉快点的地方，或是醒来时，发现不知何时早已把被子踢开，躺在玄关前的走道，把一家人吓了一跳！

就算如此，感觉还是比现在住的大厦凉爽多了。现在回想起来，挂着竹帘的窗户、阳台上的牵牛花和苦瓜叶盆栽、屋檐上挂的风铃、玄关的柜子上装满玻璃球的玻璃水缸……我想这些都是母亲的巧思，为了让一家人有个舒适凉爽的环境。省钱又环保的消暑气方式，不仅美观环境更能保护我们的地球！

岁时记趣事 灯芯草是天然的空调

每当搬家找房子时，我的第一个条件就是一定要有"和室的房间"，因为太喜欢榻榻米的质地，既柔软又干爽，味道清香，不管怎么躺，感觉都好舒服呢！

榻榻米的外层使用的就是"灯芯草"，在阴郁潮湿的夏天最能派上用场。热的时候躺在榻榻米上面，这种凉快感真的好舒服。相反地，在冷的时候赤脚走在上面也会感觉很温暖。灯芯草的材质具隔热效果，不会受到气候的影响，冬暖夏凉，是最天然的空调。

除此之外，还可以调解空气中的湿度，有净化空气的功效。不论是木板地或是地毯，也可铺上草席。就让灯芯草陪我们度过炎热的夏天吧！

① 风铃

　　风一吹，发出的愉悦清脆声，使人感到清爽。

② 竹帘

　　通风遮阳，也很隐秘。

③ 让身体降温的食物

　　西瓜、小黄瓜、茄子、刨冰、凉面、啤酒等。

④ 扇子

　　用手扇，就会有风。

⑤ 竹枕

　　透气性佳，触感凉爽，容易睡眠。

⑥ 绿色窗帘

　　以铁网辅助藤蔓植物生长。可遮阳，叶子行蒸腾作
用时能降温。

⑦ 洒水

　　利用泡澡后剩余的水或储存下来的雨水，在清晨和傍
晚较凉爽的时候，把水洒在道路或庭院等地方降温。

丝瓜

用大片叶子重叠起来。特别推荐放
在想阻断阳光的地方。

苦瓜

绿色明亮的叶子，不会让室内太
暗，又可遮阳。

小黄瓜

遮阳效果介在丝瓜和苦瓜中间。还
可以期待收成。

牵牛花

叶子较小所以遮阳效果有限，但可
以欣赏到惹人怜爱又清爽的花朵。

烟火

每年夏天，我都很期待到离家不远的河堤参加烟火大会，欣赏那美丽的烟火。虽然规模不大，但在烟火的灰烬仿佛散落在身前的地方观赏，那种震撼感无法用言语形容。听着震撼的隆隆巨响，以及让人目不转睛、随着音乐起舞的绚丽灿烂的烟火，紧接着而来的是华丽鲜艳、又大又辉煌的花朵，然后是壮观如瀑布般的连续烟火，最后以许多垂柳般的烟火收尾，好似依依不舍地飘落在夜空，留下动人的余韵后消失。

世界各地在特别的日子里才会放烟火，不像日本，为了观赏烟火而举办烟火大会。日本顶尖的烟火技术，让我感到与有荣焉。

割物烟火

日本最具代表性的发射型烟火，形状像球一般。

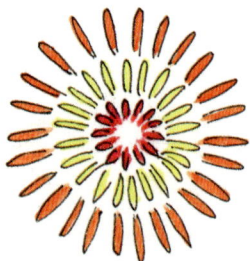

菊花

尾部向四周扩散开来，描绘出菊花的
形状。

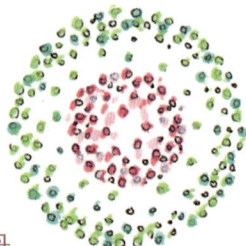

牡丹

中间迸出火焰，尾巴不会扩散。

分抱物烟火

烟火球会裂成两半，从中再散发出细致的小烟火。

冠

也称为"冠菊""冠柳"。就像垂柳
一样长的扩散，留在夜空的时间较长。

千轮

烟火球里有无数的小烟火，就像小花
一样，在夜空中齐发绽放。

形物烟火

描绘出具体形状的烟火。

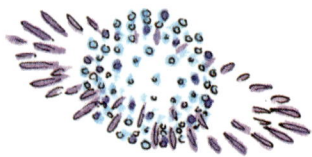

土星

蝴蝶

装置烟火

使用多个烟火装置编排而成的烟火。

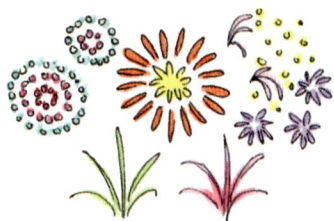

Star Mine
数发烟火组合而成，连续发射。

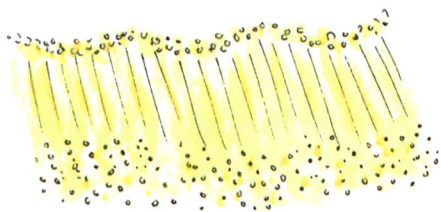

尼亚加拉烟火
将烟火挂成一排，掉落下来的样子，就像壮观的尼亚加拉瀑布一般。

玩具烟火

一般家庭用的烟火。

芒草烟火
灿烂的烟火，就像芒草盛开时金光耀眼。大部分中途都会变色。

线香烟火
变幻的烟火，使人感觉日本夏天的情趣，最前端的火球尽量不要让它掉落。因为能够长时间燃烧，常常被拿来当成竞赛的游戏。

"ta~ma.ya~" 是什么？

在观赏烟火时，一定会听到 "ta~ma.ya~" "ka~gi.ya~" 的吆喝声。相传是江户时代，两间非常有名的烟火店 "玉屋" 和 "键屋" 所发明，当时以隅田川桥为界，分为上游和下游举行烟火竞赛。观赛的人们，如果觉得哪一队很棒，要为那一队加油时会发出这样的声音。因此而流传下来成为现在听到的吆喝声。玉屋因为发生火灾而结束营业，但键屋至今已传到第十五代了。

九月

长 月

原本是"夜长月",表示黑夜渐渐变长,雨
也会一直下,因此称为"长雨月"。这时正
巧是收耕期,又称为"割稻月""稻熟月"。
又有"菊月""红叶月""暮秋"等称呼。

9月

1 日 (左右) 　 二百一十日

从立春算起第 210 天，进入台风季节

清晨时分，地面和叶子上有许多露珠

8 日 (左右) 　 白露 (二十四节气)

9 日 　 重阳节

10

11 日 (左右) 　 二百二十日

从立春算起第 220 天，进入台风季节

12

13

14

15

16

17

18

19

20

21

22

秋分前后共七天的日子称为秋的彼岸

23 日 (左右) 　 秋分 (二十四节气)

24

25

26

27

28

29

30

二十四节气　　　　其他仪式或习俗

虽然依旧炎热，但早晚凉爽的天气已能渐渐感受到入秋了。

不知何时已不闻热闹无比的油蝉叫声，取而代之的是寒蝉的鸣叫声。每年听到寒蝉叫声，总有落寞的感觉，因为夏天即将结束。

由辗转难眠的酷热夜晚转变为凉爽的夜晚，不知从哪里传来 "Ri~~n~Ri~~n" 的铃虫叫声，铃虫美妙的鸣叫不是开口发声，而是挥舞着翅膀，借由摩擦，发出清亮悦耳的声音，宛如小提琴琴音，是如此动人！

九月除了虫的鸣叫声，还有时令的美味食材，身体的五感都能感受到季节的变化。

九月的诞生花
龙胆花
花语：爱着伤感的你

九月
当令食材

秋刀魚

形状修长如刀，是代表秋天的鱼类，汉字为"秋刀鱼"。富含丰富的维生素 A、维生素 D、钙和铁等多种营养素，因此日本有句谚语 "秋刀鱼一上市，按摩师便失业"。

松蘑菇

有蘑菇之王的美誉。大多的蘑菇都是人工栽培，所以一年四季都吃得到。而松蘑菇种植不易，天然生长的量又少，所以被视为秋天珍贵的好滋味。

🌱 秋天的香气！烤松蘑菇

① 把厨房纸巾沾湿后擦拭松蘑菇，再用菜刀把表面的碎石子削掉。

> 为了不使气味流失，不可用水洗

从根部像削铅笔一样削掉 1cm 左右。

材料（2人份）

- 松蘑菇　　2 朵
- 酢橘　　　1 个
  （没有的话可用柚子或橙酢代替）
- 酒　　　　1 大匙
- 酱油　　　依个人喜好

② 用手撕成个人喜好的厚度，放在铝箔纸上并淋上酒，开口处封紧。

必须有蓬松的感觉，铝箔纸里留点空间。

③ 用烤箱加热 7 ～ 10mins，这样就完成了。依个人喜好淋上酱油和酢橘。

> 打开的瞬间，香味扑鼻

葡萄

葡萄的营养价值颇高，在欧洲有"田园牛奶"之称。富含丰富的多酚，据说可以防老和防癌。顺便一提，葡萄底部较甜，由下往上吃更加美味。

栗子

自然香甜的栗子是秋天不可或缺的点心。果实的边缘有齿状的刺毛，刺到会痛，不要用手触摸。成熟后会裂开，果实就会掉落。

🌿 可口的栗子饭

① 为使皮更好剥，先用水煮沸 2mins 后熄火，放置冷却。

② 待可触摸的温度后，从栗子的底端部分，用菜刀往前把皮剥开。剩下的内皮也用菜刀把它削掉，浸在水里漂洗。

材料（两杯米的份量）

- 栗子 　　约200g
- 白米 　　1 杯
- 糯米 　　1 杯

☆ 酒 　　　1 大匙
☆ 味醂 　　1 大匙
☆ 盐 　　　1 小匙

③ 混合白米和糯米后倒筛网里，静置 30mins 左右，沥干水分备用。

栗子切成个人喜好的大小

④ 把米放电饭锅，并倒☆调味料，水加至刻度 2 的地方。最后再放栗子，轻轻地搅拌后再炊煮。

这样就完成了！

重阳节
九月九日

　　你是否察觉到，在奇数的月份，月份和日期数字相同的日子里都有大型活动？一月一日是新年，三月三日是女儿节，五月五日是男生节，七月七日是七夕，那……九月九日又是什么节日呢？

　　虽然现代"重阳节"已经变成一个有名无实的节日，但还是传统的节日之一。在中国，奇数也是"阳数"，意指吉祥的数字，在一月一日、三月三日、五月五日、七月七日、九月九日都有盛大的庆祝仪式，这项传统也传到了日本。在江户幕府时代，定为国定假日的"五大节日"有三月三日、五月五日、七月七日、九月九日，一月一日的元旦没有被纳入，因此由一月七日的"人日节"取而代之。

所谓的五大节日：

一月七日　人日节➡七草节"祈求健康平安"

三月三日　上巳节➡桃花节"祈求女儿健康成长"

五月五日　端午节➡菖蒲节"祈求男儿健康成长"

七月七日　七夕节➡七夕"祈求技艺更精进"

九月九日　重阳节➡菊花节"祈求长生不老"

　　"九"在阳数里面最大，也是最棒的数字，九月九日为"重叠阳数"，因此称为"重阳"节。旧历的九月九日恰好也是菊花盛开的时节，又称为"菊花节"。宫中会一边赏菊，一边喝菊花酒以祈求长命百岁。民间则称为"栗子节"，享用栗子饭以庆祝秋天的收成。

菊花能量滋补身心

菊花的外观，赏心悦目且平易近人。自古以来，菊花被拿来食用或作为中药材，其营养价值颇高，含有抗氧化 β - 胡萝卜素和维生素 C 等。在日本，红紫色的 "延命乐" 和黄色的 "阿房宫" 这两个品种特别有名。无论是哪一种颜色都美丽，口感清脆略带苦涩为其特征。

菊花酒

① 把食用菊花洗净，放在筛网里沥干水分。

② 用厨房纸巾沾白酒，擦拭消毒罐子。

材料

- 食用菊花 60g
- 白酒　　　1L
- 空罐子

③ 把食用菊花与白酒倒进罐子里，盖紧瓶盖置于阴凉处。

在盛满酒的酒杯里放上花瓣立刻就成了即席菊花酒

④ 放置一个月，待菊花完全入味就完成了。

凉拌菊花

① 剥下食用菊花的花瓣，洗净后放筛网备用。

材料（2 人份）

- 食用菊花 100g
- 醋 1 大匙
- 橙酢或酱油等依个人喜好加入

放少许的醋，颜色更加鲜明

② 锅内放满水煮沸，沸腾后倒醋。把食用菊花放滚水烫 10 ～ 20s。

菊花的香味搭配清脆的口感，真好吃

完成了！

③ 倒入筛网并用冷水冲过后，将水分沥干，淋上橙酢或酱油。

岁时记趣事　六日的菖蒲、十日的菊花

　　五月五日的端午节用菖蒲装饰，而九月九日的重阳节则用菊花装饰。有句谚语"六日的菖蒲、十日的菊花"，意味隔天才到手的东西是没有任何意义的，用于形容"时机已过"。

　　除此之外，还有很多谚语和惯用语，都是用花来形容的。譬如"到底是菖蒲还是杜若"，菖蒲和杜若相似，两个都美丽，意指"两者都优秀，难以取舍"；又如"果然是野生的莲华草"，摘下莲华草当装饰，比不上野生时的模样，意味不管是人、事或物，都有最适合自己的环境。"站立时为芍药，坐下时为牡丹，走路时的姿态为百合花"形容迷倒众人的美女。

十五夜

到了夜晚，凉凉的秋风吹来，抬头看见又圆又亮的月亮……那就是十五夜。

直觉会以为十五夜是每年的十五日，其实指的是旧历八月十五日的满月。以前照着月亮圆缺循环的一个月计算，因此十五日为满月。和现在使用的新历差异颇多，九月七日到十月八日期间所看到的满月，称为十五夜。旧历一到三月是春天；四到六月是夏天；七到九月是秋天；十到十二月是冬天。八月则刚好在秋天七到九月之中，又称"中秋的名月"。这天晚上，日本人会在看得到月亮的地方，摆置桌子，放上象征满月团子和能除魔的芒草，以及这个时期收成的芋头等供品祭神，祈求丰收。并且一边赏月，一边把酒言欢。

满月是地球受月球引力最强的一日，虽然我不是狼人，但被满月的光芒照映，仿佛有股神奇的魔力充满于体内般，真是不可思议！

月亮的名称

月亮的形状每天都在改变，每个不同的形状，可用各种饶有趣味的名称作比喻，看到这些名称，等同传达了古人赏月的乐趣。

月龄 0
新月、朔
月亮和太阳重叠，完全看不到月亮。

月龄 1
纤月、二日月
像线一般细长，几乎看不到。

月龄 2
三日月、眉月、若月
形状看起来像弓或箭一般锐利。

月龄 6
上弦月、半月、弓张月
从新月到满月之间的半月。月亮落下时，宛如向上的弓弦。

月龄 12
十三夜月、栗名月、后之月
仅次于满月的月色。

月龄 13
小望月、十四日月、待宵之月
满月前一晚的月亮。

月龄 14　満月、十五夜、望月
最圆的月亮。

月龄 15　十六夜、有明之月
日文十六夜的另一个意思为踌躇。
因为比十五夜晚一个小时左右出现。

月龄 16　立待月
日落后，站着等待月亮升起的意思。

月龄 17　居待月
因为站着等待太久，换坐着等待月亮升起的意思。

月龄 18　寝待月、卧待月
月亮迟迟不出现，唯有躺着等待月亮。

月龄 19　更待月
到了打更的时候，月亮总算出来了。

月龄 22　下弦月、半月、弓张月
从满月到新月之间的半月。月亮落下时，宛如向下的弓弦。

月龄 29　三十日月、晦
意指月亮隐而不见。

赏月团子！色彩缤纷的饭团

在中秋满月之时，日本人会依一年所见的满月数量以赏月团子作为象征供奉神明。数量为平年12个，闰年13个，也有因为十五夜而供奉15个。虽然团子是饭后甜品，但在晚餐时会制作赏月团子风味的小饭团，感受中秋过节氛围。

① 依个人喜好选择三种配料，米饭分成三等份和三种配料分别搅拌均匀。

材料（15份）

● 米饭　1 碗

依个人喜好混合白饭的配料

（小柴鱼、小沙丁鱼、芝麻粒、鲑鱼片、海带等）

② 把搅拌均匀的米饭再分成五等份，用盐水把手沾湿，将米饭揉成圆状饭团。

手平放，转动

不易揉成饭团状的话，用保鲜膜试试

③ 放入盘里，色彩交错叠起。

第一层 = 9 个
第二层 = 4 个
第三层 = 2 个

12 个的情况为，
第一层 = 9 个，
第二层 = 3 个

完成了！

赏月小偷

近年来，秋天的活动全被万圣节的光芒盖过去。即便如此，日本有些地区到现在还保有"赏月小偷"这样有趣的习俗。

只有在中秋这一天，允许孩子们偷偷地拿走赏月供品。孩子们会在家附近徘徊，拿着带有针的长杆挑走团子。据说被偷走越多代表越幸运，因此大人们特意将团子放在门前，或放在显眼的地方让孩子们尽情地参与习俗。现在的话，一旦听到"赏月小偷在此"，大人们会把糖果给小孩，像不像日本版的万圣节呢？

岁时记趣事　月兔

传说"月亮中住着兔子"是因为月亮的表面看起来像兔子在捣麻糬一般。兔子和月亮的关系佛教也有此传说："很久很久以前，兔子、狐狸还有猴子在山里遇到一个饿昏的老人。三只动物为了老人去觅食，猴子爬到树上，摘了很多果实；狐狸飞快地从河里抓了很多鱼；兔子努力地寻找却无所获，最后兔子决定跳进火中把自己烤熟献给老人。那位老人原来是天神——帝释天，帝释天感于兔子舍身，让兔子复生于月亮上，使善行能流传于后世。在月亮上的兔子被浓雾围绕于身的模样，正是兔子燃烧自己时的烟雾。

兔子捣麻糬时的样子是满月，别名又叫"望月"，取自日文捣麻糬的谐音，也有人说象征五谷丰登。中国的传说里，兔子不是捣麻糬，而是捣长生不老药。果然是汉药的发源国呀！世界各地捕捉到的模样都不一样，不管看起来像什么，找到自己想象的模样，就是一种赏月的乐趣！

日本
捣麻糬的兔子

美国
女人的侧脸

北欧
阅读的婆婆

南欧
螃蟹

秋分
九月二十三日顷

秋分和春分一样，白昼和夜晚的时间一样长。这天是日本的国定假日，是缅怀祖先、慎终追远的日子。

以秋分为基准再加上前后三天，这七天称为"秋的彼岸"。这段期间会到墓地祭拜祖先。这也是在诸多笃信佛教的国家里，唯独日本才有的习俗。在秋的彼岸这段时间，常见的花种是"彼岸花"，又名"曼珠沙华"。在梵语里是极乐世界所盛开的红花，名称有如烟火在夜空中绚丽绽放，花如其名。

相反，也有人称彼岸花为"地狱花""幽灵花""死人花"。在墓地的周围，常可见其踪迹，因此也有人对它产生负面的印象吧。彼岸花的球根具毒性，在土葬的年代，据说常被种植于墓地旁以防止虫或动物破坏坟墓。种在农地旁的田间小道，则可防止老鼠、鼹鼠之类的小动物破坏农作物。

彼岸花盛开的时间只有短短的一周左右，却刚好在能来往阴阳两世的彼岸这一段时期盛开，真是神秘又奥妙的花啊！

秋天的七草

春天的七草可以拿来烹煮料理，秋天的七草使人看了赏心悦目，因而自然成为诗人——山上忆良创作诗歌的灵感。

萩花 (胡枝子)

彼岸的供奉祭品。

桔梗

盛开星星形状的花朵，家徽"桔梗纹"的设计。

葛藤花

是制作葛饼的葛粉原料，从葛藤根部提取出的淀粉。

泽兰

干燥过后清香扑鼻，以前常常拿来当芳香剂使用。

女萝花

其娇艳姿态胜过美女。

狗尾草

芒草，感觉像动物的尾巴。

抚子 (瞿麦花)

日本女性的美称。"大和抚子"就是由此而来。

萩花、桔梗、葛藤花、泽兰、女萝花、狗尾草、瞿麦花，秋的七草

配合着四、四、六、三、七的拍子背起来喽！

玩树果

家附近有个公园，小时候常在公园玩耍，春天在开满樱花的树下赏花，夏天玩水上运动，冬天打雪仗，是个充满美好回忆的地方。当然，更不会忘记秋天的"捡树果"。常常和朋友比赛，看谁捡得比较多，不管是细长或是圆形的，通通装进口袋里。回到家后，求妈妈用平底锅煎来吃，既香甜又朴实的味道，至今仍无法忘怀。

"树果"并不是特定一种树木果实的名称，橡树、楮树、樫树、华南锥的果实都称为树果。树果有涩味，不去除涩味无法食用。但华南锥的果实就算不去除涩味也很美味。或许尝过果实的人不多，但肯定玩过果实游戏。只有在这个季节，利用周遭的东西，再加上一点巧思就能玩，可比随手可得的玩具更加有趣呢！

华南锥

樫树

橡树子

树果陀螺

① 摘除树果的叶鞘，并在果实的中间用锥子开个洞。

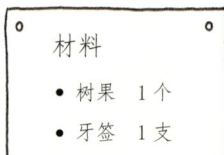

果梗

材料
- 树果　1个
- 牙签　1支

② 再用牙签插进洞里。

变换树果的种类和轴心的长度试试看吧

完成了！

哪一个比较会转呢

树果跷跷板

① 摘除树果的梗，在果实的中间用
　锥子开个洞，插牙签。

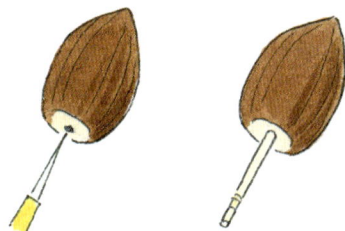

材料

- 树果　3 个
- 牙签　1 支
- 竹串　2 支

② 其余的两个树果，同样做法。

③ 在①的树果的左右两旁下面，用
　锥子钻两个洞，再插上②的竹串。

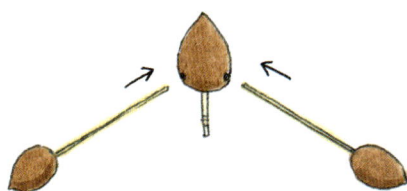

④ 用器物或手指试试看是否平衡。

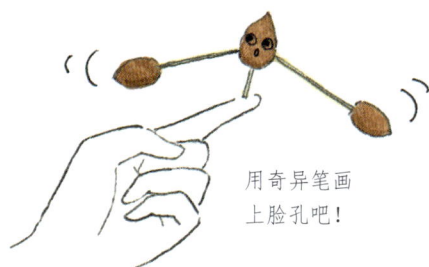

用奇异笔画
上脸孔吧！

秋虫的鸣叫声

　　日本古诗歌集《万叶集》里有段歌咏蟋蟀的诗集。可知从很早以前，日本人对昆虫的鸣叫声便情有独钟。秋天的夜里，到处可闻虫儿们的鸣叫声，宛如昆虫界的管弦乐团演奏。一边洗耳恭听，一边猜想是哪一种昆虫所发出来的音色！

ri·n ri·n

铃虫

gi·t.cyo.n gi·t.cyo.n

螽斯

ko.ro ko.ro ko.ro ko.ro

蟋蟀

chi.n chi.ro.ri.n

金琵琶

十月

神无月

全国各路神明离开驻守的地方聚集到出云大社，因此称为"神无月"。这个月也听不到雷声，又称为"雷无月"。据说这个月也是新酒酿成的月份，所以又称为"酿成月"。其他名称还有"神去月""时雨月""初霜月"等。

10月

1	17
2	18
3	19

4	**20** 日　　　惠比寿讲

进入深秋，冷空气使朝露也结冰的时期

5	21
6	祭祀惠比寿神
7	22

8 日 (左右)　　**寒露** (二十四节气)

23 日 (左右)　　**霜降** (二十四节气)

9	24 开始降霜
10	25
11	26
12	27
13	28
14	29
15	30
16	31

二十四节气　　　　其他仪式或习俗

228

残暑之时，空气逐渐由潮湿转为干燥，天气转为凉爽，天空万里无云。街上不时有丹桂（桂花）甘甜的香气和附近人家烤鱼的香味，以及不知从哪儿传来烤番薯摊贩的叫卖声。小学时，喜欢跟着烤番薯摊贩，用大声喊着"烤番薯喔"帮忙叫卖，每次摊贩老板都会送给我热腾腾的番薯当谢礼。在我的记忆中，秋天的黄昏都是这样度过的。

丰收的秋季里有许多诱人的食物，使身体容易囤积脂肪，面对季节美食必须节制才好。

十月的诞生花
大波斯菊
花语：少女的纯情

十月
当令食材

柿子

柿子是天然的醒酒药。柿子中的单宁和维生素 C，能促进血液中的酒精排出体外。直接吃或加美乃滋，或搭配优酪乳、醋等有酸味的食物一起吃，别具风味。

柿子和大头菜的秋季沙拉

材料（2 人份）

- 大头菜　2 个
- 柿子　　1 个

☆ 醋　　　2 大匙
☆ 砂糖　　1 大匙
☆ 盐　　　少许

① 大头菜切成 5mm 左右厚的薄片，和切成一口大小的大头菜叶一并撒上盐，置于一旁待变软后把水分沥干。

② 柿子切成 5mm 左右厚的薄片。

稍微硬的柿子较易处理

③ 把☆充分拌匀后淋在已盛盘的①和②上，这样就完成了。

酸酸甜甜的真是绝配！

鲑鱼

鲑鱼除了红鲑、银鲑之外，还有许多种类。"白鲑"是日本最普遍的种类。在秋天捕获到的称为"秋鲑"，在非当季的初夏时捕获的称为"时鲑"或"时不知鲑"。

芋头

山上采收的称为"山芋",人工栽种的称为"芋头"。在所有的芋类之中,芋头的热量最少,却有丰富的膳食纤维,是减肥的最佳食物。

暖乎乎的甘甜芋头煮物

① 芋头削皮后放进碗里,撒上盐并用手搓揉,搓揉至出现黏液,用水冲洗。

② 把芋头放入锅里并加水盖过芋头。开大火煮,煮滚后把水倒掉,用清水冲洗黏液。

> 煮过的芋头容易入味,成品也很完美喔

③ 把芋头、水和☆的调味料放入锅内开中火,上面铺一层耐热料理纸当作落盖。约煮15mins,待芋头变软。

④ 拿起落盖,若煮汁越来越少,表示已充分入味,这样就完成了。

材料(2人份)

● 芋头	8个
● 盐	1小匙
● 水	500CC
☆ 和风高汤	1小匙
☆ 酒	1大匙
☆ 砂糖	1大匙
☆ 味醂	1大匙
☆ 酱油	2大匙

胡萝卜

一天所必须摄取的维生素A,大约是半根胡萝卜。维生素A可保护视力,对眼睛疲劳和眼睛干涩都有很好的效果。

十三夜

十月的空气清新，夜空也越来越美丽。就算过了中秋，秋天的月色仍是澄清、明亮，令人不禁驻足眺望。

旧历八月十五日的十五夜，是清晰可见的圆月；旧历九月十三日的十三夜，则是稍微圆缺的月亮。新历的十三夜不一定在十月十三日，会随着每年的月相而不同。

十五夜这天，人们以芋头供奉月亮，称为"芋名月"；十三夜则是以栗子或毛豆供奉月亮，所以称为"栗名月""豆名月"。如今十三夜的传统较不受重视，但只欣赏十五夜或只欣赏十三夜的月色，据说都不吉祥。十三夜有赏圆缺的乐趣，同时十三夜是仅次于十五夜的月色，其美丽月色不容错过！因为是十三夜而摆上十三个赏月团子，在第一层放上九个，第二层放上四个，与芒草、栗子和豆子一起供奉。

十五夜的月亮　　十三夜的月亮

新米

米痴饕客期待已久的"丰收之秋"终于到来。此时，正是收割的高峰期，所收割的米称为"新米"。煮好的新米蓬松饱满、香气四溢，大口吃进嘴里时，香味在嘴巴里扩散开来……这味道只有在这段期间才能品尝到。

收割后未满一年的米称为"新米"，前年收割的为"古米"，以此算起收割后每超过一年，依年数加上"古"称呼，如"古古米""古古古米"。

虽然米放久了会有一股味道，但依料理需求仍可食用。寿司店为了不使米饭过于湿黏，醋和米饭能充分融合，会把新米和古米混合使用。

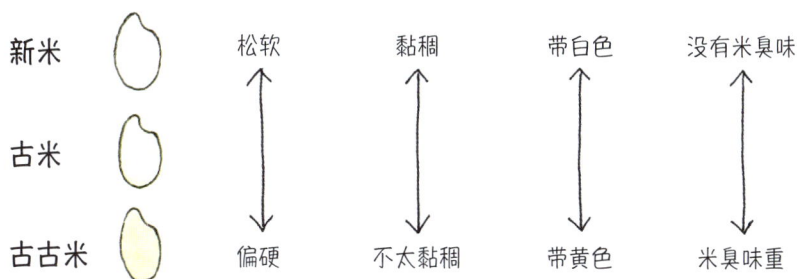

新米		松软	黏稠	带白色	没有米臭味
古米		↑	↑	↑	↑
古古米		↓	↓	↓	↓
		偏硬	不太黏稠	带黄色	米臭味重

把古米煮得更好吃的诀窍

搓洗

古米会臭的原因是表面残留的米糠酸化，产生的脂肪酸氧化会使米发臭。把米糠去除的话，相对臭味也会减少，具体来说把白浊的部分搓洗至掉落为止。或再次精米化，把米糠脱去也可。

混糯米

混入两倍的糯米煮，可改善干松状，或每一杯米加一克的寒天粉也有同样的效果。

放蜂蜜

每两杯米放入一小匙的蜂蜜，别有一番风味，亦可加酒或味醂。

煮新米的诀窍

新米要煮得好吃有两个秘诀，一是"不要用力搓洗"，二是"水放少一些"。趁着新米最好吃的时期，赶快来试试吧！

① 将附着于米中的米糠和杂物去除，先用水洗1～2次，再换水仔细轻轻地搓洗4～5次，让混浊的部分越来越少。

> 新米容易脆裂，不可太用力搓洗

> 比刻度再少一点。

② 加入适量的水浸泡，放置30～60mins再煮。

③ 煮好后焖15mins左右，让多余的水汽蒸发。

> 电饭锅的开关跳起后再焖

> 开动

冷掉的新米依旧弹牙而美味。

> 撒了盐的饭团是最棒的享受

玄米

玄米是未经处理，仍保有一层薄膜的米，经过精米处理磨去米糠就变成白米。玄米有种独特的味道，与白米相比嚼劲十足，各有拥护者。营养价值颇高，富含丰富的维生素B₁、矿物质和膳食纤维等，用压力锅或混白米煮，都比用电饭锅煮来得更好吃。但在玄米里挑出精米，需要花一些工夫。

玄米的"玄"代表黑色，指的是有颜色的米。

五谷

作为主食的谷类中，有五样（米、麦、粟、豆、黍或稗子）特别重要，称为五谷。对以五谷为主食的日本人来说，祈求五谷丰登是自古以来不变的期望。虽然近年来鲜少将粟、黍、稗子作为主食，但混入其他食材里，不仅营养价值极高，颜色也好看，成为极受欢迎的人气食品 。另外也有加入黑糯米、玉米、芝麻、发芽玄米等，混合而成的"十谷米""十五谷米"，由此可见日本人是多么注重健康。

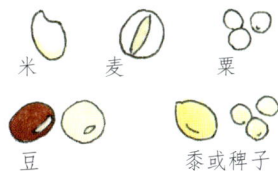

米　麦　粟

豆　　黍或稗子

膳食纤维、钙、铁等多种营养素

新人 = 新米？

　　职场新人也被称作"新米"，但年资较长的不称"古米"，而是"古株"，意味老手。

　　称为新米其实和米完全无关，由来是据说在江户时代，会给新来的商家家仆穿上新的围裙"新前挂"→"新前"的日文发音"shi.n.ma.e"，久而久之变成"shi.n.ma.i"，如此一来，和"新米"是同音不同字，此说法最可信。

惠比寿讲
十月二十日

旧历十月，日本所有的神明都会聚集到出云大社召开会议，因此全国的神明都不在驻守之地的旧历十月称为"神无月"，只有当时神明所聚的出云地方称为"神在月"。神明不在没问题吗？请放心……因为还有"惠比寿神"守护着大家。惠比寿神是财神爷，属于七福神之一，右手持钓竿，左手抱鲷鱼，也是渔民的海上守护神，农民的五谷丰收神。在秋天的这个时期，祈求商业繁盛、渔获和五谷丰收而举办的仪式称为"惠比寿讲"。

这天，在神坛上摆放当季食物和酒供奉惠比寿神。依地区不同，有些在十一月二十日和一月十日或十二月八日举行。有一说为，因为有"惠比寿讲"，惠比寿神就无法至出云大社，惠比寿神自然而然就被选为留守的神明。那么，众神明到出云大社到底是开什么会议呢？传说是讨论结亲家的事，"把谁和谁凑作一对""不好不好，还是跟这个"……感觉是不是比想象中更热闹，也比工作更有趣呢？突然觉得没得休息、持续工作的惠比寿神好像有点可怜耶！

岁时记趣事　**嘴巴里有惠比寿神？**

你知道上门牙两颗有个有趣的名字吗？如下图所示，左边的牙齿称为"惠比寿齿"，右边的牙齿则为"大黑齿"。这是源自江户时代，炉灶的右侧（面对的左侧）是惠比寿神像，左侧（面对的右侧）是大黑神像。两尊神明为掌管食物之神，和嘴巴、炉灶以及食物有密切关联，因此这两颗门牙被比喻为"神"。

惠比寿齿　　　　大黑齿

顺便一提，听说没了这两颗牙齿会漏财！果真如此的话，光治疗的费用，应该会花上不少钱吧！

牙齿存在着神明，得好好保护喔

八百万神

究竟聚集到出云大社的神明有多少尊呢?

自古以来，日本人祭拜山、河川、大海、风等神明。对山川神明行自然崇拜，除了将大自然当作神明崇拜、感谢之外，举凡"茅厕之神""灶神""学问之神""旅行平安之神"等所有事物都被当作神明祭祀。因此日本有数以万计的神明，称为"八百万神"。"八百万"非指八百万尊神明，而是无数神明之意。"八"代表大数目，就像花瓣很多的"八重樱"，或许多云重叠在一起的"八云"等例。"八"再加上数字更大的"百"和"万"，代表数目大到无法计算。

顺便一提，日本的蔬果店"八百屋"，以前不只卖蔬果，也卖日常用品，因此称作八百屋。如果古代就有便利商店的话，也许也会称作"八百万屋"也说不定呢!

赏红叶

秋天到了，叶子渐渐泛黄、变红，正是赏红叶的好时节。如同赏樱季时的资讯，一打开电视或阅读报刊和杂志，可见许多有关红叶的情报。

神社和寺庙的红叶虽然漂亮，但山上的红叶更胜一筹。挑对时机，可观赏红叶从鲜绿到泛黄再变红逐日转变的不同景色。绚丽多姿的红叶宛如油画艺术品般，令人陶醉其中，浑然忘我。

赏红叶的日文"红叶狩"（mo.ni.ji.ga.ri）的"狩"（ga.ri）是鉴赏花草的意思，并不是摘采树叶或树枝。就以落叶当成伴手礼吧！

落叶游戏

银杏兔

① 把叶子剪成如下图的
形状，在中间开个洞。

② 把叶柄插入洞里。

③ 把叶柄往后拉，竖起
耳朵并画上脸。

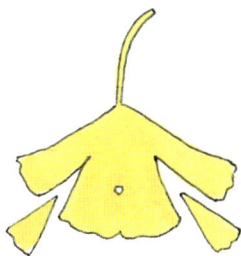

落叶的押花

① 用卫生纸把落叶夹住，再放入书
里面。

② 在书的上面放置重物，待 2 ～ 3
天就完成了！

放进相框当装饰品或贴在相簿里吧

　　拾起落下的红叶数片，乍看之下是同一种红，很微妙的，仔细看每一片的颜色却又不同，有些为偏黄的红，有些为鲜艳的红，更有些是偏茶色的红……

　　自古日本的传统颜色都以大自然或动植物名称命名，当说到以大自然或动植物名称命名的颜色时，颜色仿佛被赋予表情般生动。或许用"虾茶色"形容落叶的颜色，比"偏红的茶色"来得更精确呢？

鸨色
像鸨的羽毛末端的颜色，浅粉红色。

虾茶色
像伊势虾般的暗红色，也称作葡萄色。

狐色
像狐狸的毛色，偏黄的茶色。

棣棠色
像棣棠花带红的黄色。

莺色
像莺的羽毛的颜色，暗绿褐色。

浅葱色
像青葱的颜色，因新撰组外衣的颜色而有名。

常盘绿
像常绿树般的绿色。

茄子绀
像茄子般的深蓝。

藤色
像藤花般的淡青紫色。

日本的传统纹样

日本的传统纹样常出现在和服、手帕或包裹和菓子的包装材质上。大多看似利用单一花纹相互交错重复，然而以前的人认为重叠的花纹是吉利的象征。

麻之叶

像麻叶的形状。麻的生长又快又稳固，因此有用麻制作婴儿衣物的习俗。

七宝系

以圆象征佛教的七宝"金、银、琉璃、玛瑙、珊瑚、水晶、珍珠"。

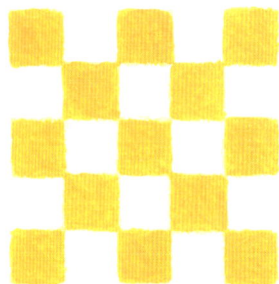

市松模样

花纹兴起于江户时代，歌舞伎演员——佐野川市松（初代）用来做和服裤裙的花样。

矢絣

形如弓箭。明治、大正时代的女学生流行穿着矢絣的和服，以及虾茶色的裤子。

青海波

形如海浪波纹。一波又一波，井然有序，祈愿生活如海浪般平稳安定。

镰轮

日文听起来是"不在意"。江户时代有句"我的命运变成怎样都不介意"的流行语。

折纸游戏

　　我的祖母手艺灵巧，连折纸也很厉害，从简单的纸鹤，到需要用数十张折纸组合做成的大型绣球，甚至是利用不要的箱子，贴上色纸做成可放小东西的抽屉，都难不倒她。一张小小的四方形的色纸，像是被施展魔法一般，变化出多种不同的形状，着实令我惊艳不已。衷心期许折纸这项日本传统文化能绵延不断地传承下去。

家仆

① 将色纸沿虚线上下对折后再左右对折，标记折痕。

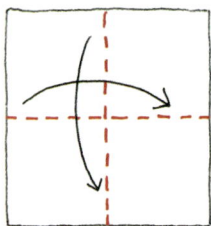

② 四角沿虚线往内折。

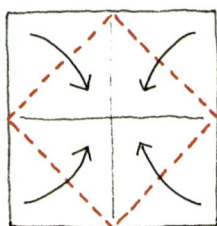

③ 翻面并重复②的动作。

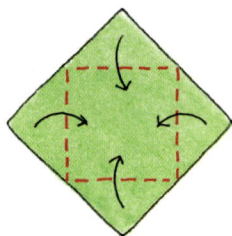

④ 再翻面，重复②的动作。

⑤ 再次翻面，用手指从☆拉开三边袋口并压平。

完成了！

鹤

① 沿虚线对折。

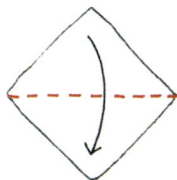

② 沿虚线再对折。

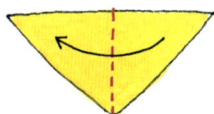

③ 从☆端袋口，沿虚线拉开并压平。

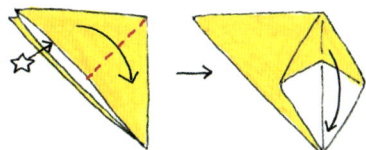

④ 翻面并重复③的动作。

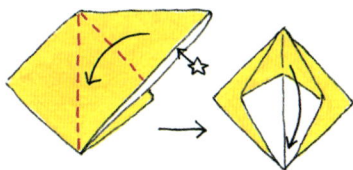

⑤ 沿虚线往内折后打开，标记折痕。

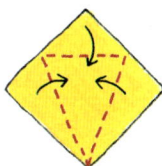

⑥ 从袋口端往上折，左右往内压平。

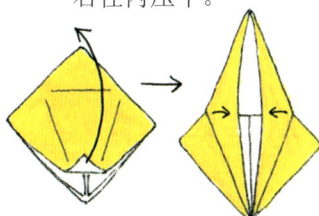

⑦ 翻面后重复⑥的动作。

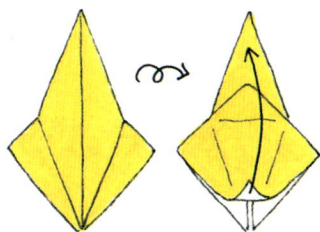

⑧ 左右两边沿虚线往中线折，另一面相同。

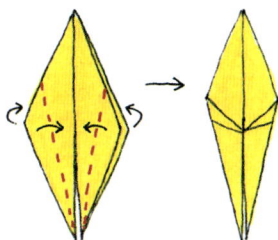

⑨ 将左边折到右边，另一面相同。

⑩ 两面沿虚线往上折，另一面相同。

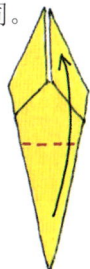

⑪ 将左边折到右边，另一面相同。

⑫ 将一边角沿虚线折，做成鹤的头形。

拉开双翼就完成了！

① 准备两张色纸，沿虚线往内折。

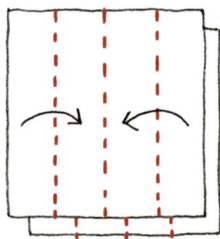

② 沿虚线再对折。

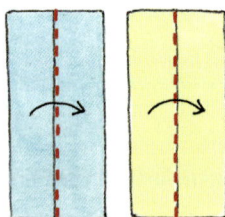

③ 沿虚线边角往内折。

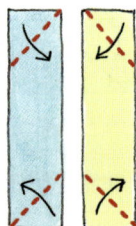

④ 再沿虚线折。

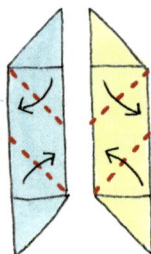

⑤ 将其中一个翻面，按照图示位置摆放。

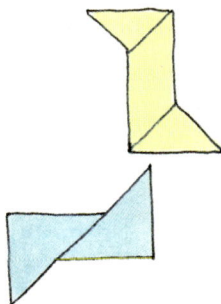

⑥ 将 A、B 角塞入另一张的 A、B 开口。

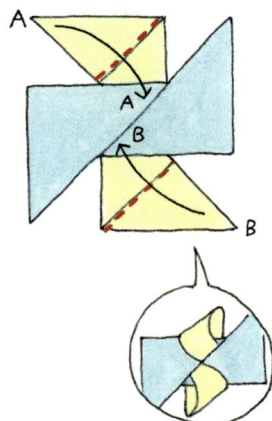

⑦ 翻面，同样将 A、B 角也塞入另一张的 A、B 开口。

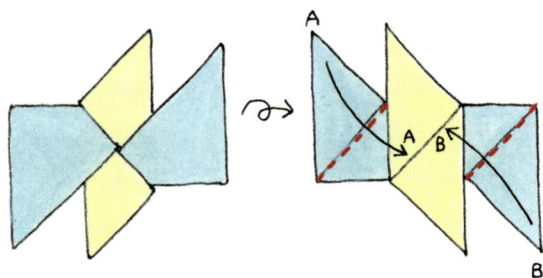

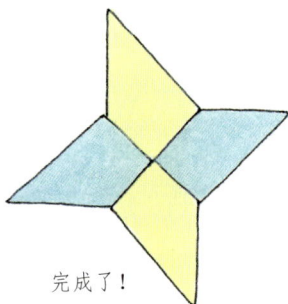

完成了！

气球

① 沿虚线对折。

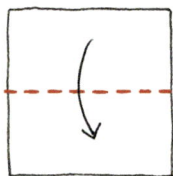

② 沿虚线再对折。

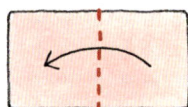

③ 从☆端袋口往右拉开并压平。

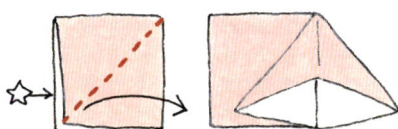

④ 翻面后☆端重复③的动作。

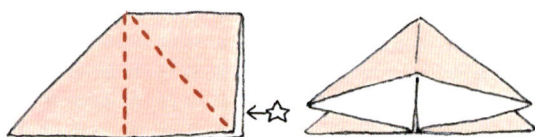

⑤ 沿虚线往内折，另一面相同。

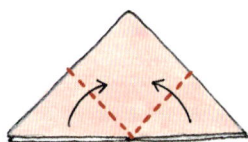

⑥ 两侧沿虚线往内折，
　　另一面相同。

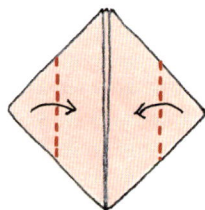

⑦ 沿虚线往下折，
　　另一面相同。

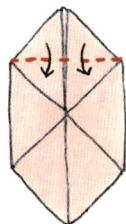

⑧ 沿虚线折，并将折角塞入
　　两侧的袋口，另一面相同。

⑨ 从☆端用口吹气，使色纸膨胀。

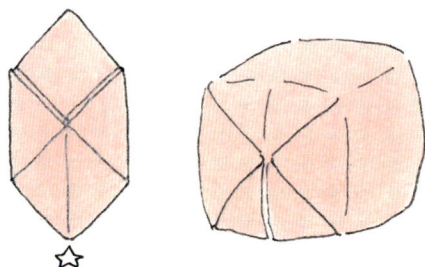

砰！砰！
来玩气球吧

十一月

霜 月

十一月的早晨降霜，因此有"霜降月"之称，又简称为"霜月"。其他名称如"霜见月""雪待月""雪见月"。十月神无月时期聚集到出云大社的众神回归原来驻守的地方，因此称为"神归月"。

11月

1		16
2		17
3		18
4		19
5		20
6		21

从这天起到立春的前一天，月历上称为冬季

开始零星降雪

7 日 (左右)　　立冬 (二十四节气)

22 日 (左右)　　小雪 (二十四节气)

8	23
9	24
10	25
11	26
12	27
13	28
14	29
	30

15 日　　七五三节

二十四节气　　　其他仪式或习俗

尚未真正进入冬天之前，天气温和舒适，黄澄澄的银杏叶和水蓝色的天空对比，宛如小春日和。"小春日和"非形容春天的景象，而是指晚秋到初冬这段期间，天气如同春天一般温暖和煦。

秋天的味道是银杏，这时期经过银杏树下，便有一股独特的味道扑鼻而来，这个味道就是银杏果散发出来的。我们平常看到的银杏是籽的部分，从树上落下时如同樱桃一样，籽被果肉包覆着。以前住的公寓地势较高，陡峭的坡道上有许多银杏果掉落，尤其是下雨天，因为地面湿滑，许多银杏果便会滚落下来。每到这个季节，想到银杏果的特有味道，就会忍不住想偷笑。

说到银杏，让我想起妈妈常常在回家的路上捡银杏果，用平底锅煎来吃，但因为直接触摸果实，因此起了斑疹呢！记得捡银杏果时，戴上橡胶手套吧。

十一月的诞生花
菊花
花语：清高

十一月
当令食材

银杏

蒸蛋或串烧等料理，银杏都是不可或缺的配料。银杏有止咳和改善尿频、夜尿症和滋阴补阳等功效。过量会引发中毒症状，大人一天约 10 粒，小孩最多 5 粒。

用微波炉做轻食银杏料理

① 把银杏放入牛皮纸袋里，封口的地方折两次后封起来。

> 加热时，怕银杏掉出来，要折深一点

材料

- 银杏　10 个
- 牛皮纸袋
  （不能有胶水粘过）

② 用微波炉加热 1.5 ～ 2mins（500W）

> 银杏的壳裂开，发出很大的声响

嘭

嘭

撒上盐更好吃！

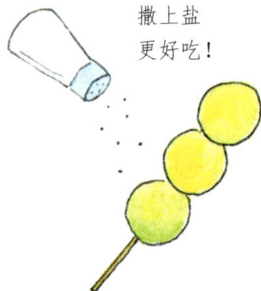

③ 从牛皮纸袋取出后剥壳。如果壳没裂开的话，再稍微加热，或是用烹调用的剪刀割开。

> 小心被烫伤

苹果

俗话说"一天一苹果，医生远离我"。苹果是最健康的水果，膳食纤维可帮助整肠；皮含有多酚，可防止肌肤老化；钾可帮助改善高血压等好处，是不可多得的水果。

番薯

在寒冷的冬天，享用热腾腾、香喷喷又甘甜的烤番薯，真是一大享受。一般蔬果加热后维生素 C 会流失，番薯则不会，是其特点。还有丰富的膳食纤维，能帮助排便。

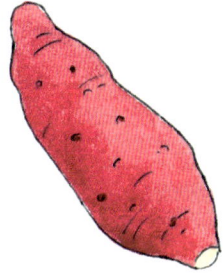

用电饭锅做甘甜、爽口的番薯

① 把番薯彻底洗净，切大块放入电饭锅内。

材料（2人份）

- 番薯　　2 个
- 水　　　100CC
- 盐　　　1 小撮

② 电饭锅内加入 100CC 的盐水。

③ 按下烹煮开关。

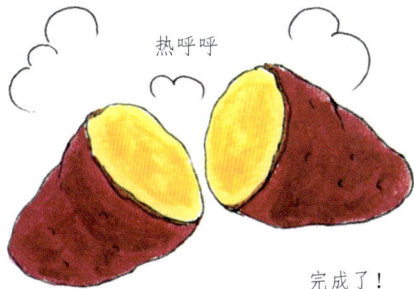

热呼呼

完成了！

立冬
十一月七日顷

真正进入二十四节气中"冬"的时期。从立冬开始到立春的前一天，是月历上的冬天。虽然白天仍感受不到冬天的气息，倒像暖和的秋天，但在没有阳光照耀的时候，气温明显骤降。过了立冬后不久，赏红叶的时期结束，叶子被冷风吹落，这股强劲北风称为"枯木风"。

泡澡谈

此时的天气用冷形容，比用凉形容更贴切。如恋爱般温暖地泡澡，对很多人来说一天若不泡澡，就好像这天还没有结束。边看书、边泡澡是我一天的功课，香气不但使身心放松，半身浴还可以排毒。对日本人来说，泡澡不但是把身体洗净，也是疗愈身心和享受乐趣的时光。

综观全世界，懂得泡澡的国家很少。日本研发出独树一帜的洗澡文化，像菖蒲浴或柚子浴等。据说入浴的习惯始于 6 世纪的佛教，由中国传入日本，佛教里，入浴是"祛除七病，得到七福"。把身体的污垢去除，对于服侍佛祖的人来说，是非常重要的工作之一。寺院里，备有澡堂，开放供民众使用，因此泡澡的习惯逐渐普及。

据说泡澡的日文"风吕"（fu.ro）的语源来自日文的"室"（mu.ro）。以前，在充满热气的蒸气室里，身体被蒸到通红，类似现代的桑拿。在浴缸里放热水，则是从江户时代开始流传。自古以来，日本人就懂得泡澡，享受其中的乐趣。近年，泡澡意外地成为了一种文化呢。

各式泡泡浴

牛奶浴

在浴缸里倒入 0.5 ～ 1L 的牛奶，有美肌和助眠的效果。

炭酸浴

在浴缸里倒入 1 大匙的柠檬酸和 2 大匙的小苏打粉。二氧化碳气体会散开，可促进血液循环和预防体臭。

噗噗

淘米水浴

把第一次淘米时留下的浓稠淘米水倒入浴缸，有美肌效果。

盐浴

在浴缸里倒入 30 ～ 50g 的天然盐或岩盐，可改善干燥肌和湿疹，也有保湿效果。

清酒浴

在浴缸里倒入 50 ～ 100CC 的日本清酒，有保湿、美肌和预防手脚冰冷的效果。

艾草浴

把放在阴凉处 2 ～ 3 天的艾草用布袋包裹，放入浴缸使其浮在水面上。能舒缓腰痛和肩膀酸痛，达到放松的效果。

万用的"风吕敷"

"风吕敷"用于收纳、包裹或搬运物品，可依需求自由变化尺寸，是一条魔法布。最近的风吕敷增添了可爱的花样，深受年轻女性的喜爱。在京都一见钟情买下的风吕敷，用不到时把它折好放在皮包里，临时需要的话可以派上用场。记得有一次赏花就用风吕敷包裹日本酒，回家时遇上小雨，拿来代替雨伞呢。风吕敷真是万用！

据说"风吕敷"名称的由来，源自室町时代，领主在公共澡堂洗澡时，为了不和别的领主的衣物混淆，便用绣有自家家徽的布包裹衣物，洗完后就坐在布上更衣，"风吕所使用的垫布"，因此称作"风吕敷"。

熟练死结的打法　最基本的打法。只要掌握方法，就不用担心使用时会松脱。

① 将B置于A的上方。

A　　　B

② 打一个结。

A　　　B

③ 再将B重叠于A的上方。

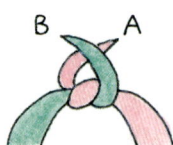

B　　　A

④ 再打一个结。

B　　　A

⑤ 左右两端拉紧。

⑥ B朝A的方向拉紧。

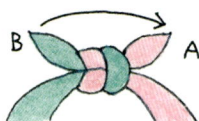

B　　　A

⑦ 手抓着图示虚线
　 的部分，将B布
　 朝箭头指示的方
　 向抽出。

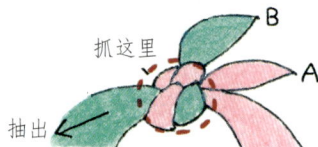

抓这里　　　B

A

抽出

像变法戏，瞬间
可以解开

风吕敷包

① 布的反面朝外，对
　 折成三角形。

② 在左右两端各打
　 一个结。

③ 翻到正面，反面在
　 里头。

④ 没有打结的两端，卷三四次，最后打一个大死结。

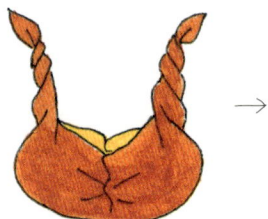

→

这样就完成了！

风吕敷葡萄酒架 受邀做客时，拿着风吕敷包的酒瓶前往更显时髦呢。

① 瓶与瓶的中间，间
隔 5cm 左右，如图
示放置。

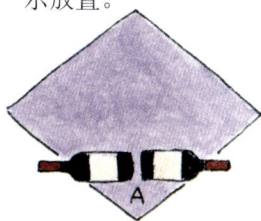

② 从 A 点连带瓶子往
上卷。

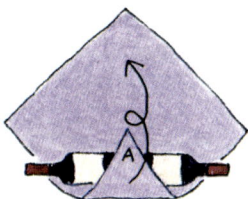

③ 抓起两端，中间折
弯使之站立。

④ 将两端的顶端打上
死结。

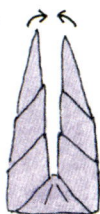

⑤ 完成了！

手握结扣处

用较小条的风吕
敷即可

风吕敷面纸盒 配合家中的装饰，做个风吕敷面纸盒吧！

① 将面纸盒放在风吕敷正中央。

② 两端往内折起。

③ 两侧的角沿着面纸盒抓起，打
个死结。

④ 另一边同样做法。

完成了！

七五三节
十一月十五日

　　翻开相簿的前几页，看到三岁时的我穿着漂亮的和服，擦着超红的口红所拍的七五三节照片。幼儿时期的照片几乎都变成深褐色，唯独七五三节时的照片颜色依然明亮。我想一定是双亲为了让我留下美好的回忆，特地选用较好的相机拍的。老实说，印象中只记得当时的自己很高兴地吃着好吃的千岁糖，但对父母来说，则是庆祝孩子平安成长的重要节日。

　　七五三节时，父母会带小孩到神社，感谢神明保佑小孩健康，以及祈求幸福、平安地长大。以前，以虚岁计算，小男孩三岁和五岁、小女孩三岁和七岁的时候庆祝。现在，则以实岁计算，小男孩只在五岁、小女孩一样在三岁和七岁时庆祝。该习俗源自平安时代"留发祝贺""袴着祝贺""束带祝贺"，三岁时举行的"留发祝贺"不管小男孩或小女孩，都不用再剃头，可以蓄发。"袴着祝贺"是小男孩在五岁时，第一次穿上和服的裙裤。小女孩到了七岁时举行的"束带祝贺"代表和大人一样开始用腰带束和服，而不再使用绳子。

　　在七五三节时，还会享用千岁糖，意味祝福小孩活泼、健壮，长命千岁。

亥子祝

"亥子祝"源自平安时代宫中的祭典，直到现在日本的西部地区，仍承袭了这项习俗。在旧历十月第一个亥日的亥时（晚上9～11时），享用亥子饼以祈愿家中的孩子无灾无病、子孙繁衍。

据说亥子饼原本是用大豆、红豆、豇豆、芝麻、栗子、柿子、糖七种粉混入新米做成的麻糬，但现在很多地方的和菓子店的做法已有所不同。仿照当时的多产山猪，做成像山猪宝宝的形状。在《源氏物语》里，据说亥子饼出现在光源氏与紫之上新婚第二晚的场景中。

除了享用亥子饼之外，有些地区也会举行"亥子突"。孩子们手持一根用绳子卷起的稻草槌，称作"亥子槌"；或用绳子捆在一块石头上，称作"石亥之子"的东西在家附近来回敲打地面，这样做可以得到亥子饼或糖果、零用钱。据说，敲打地面能激发大地的灵气呢。

亥子饭团

这里介绍能轻易做成的山猪形状饭团。

① 混合米饭、白芝麻和柴鱼干，做成山猪形状的饭团。

材料（4个）	
• 米饭	饭碗的2碗
• 柴鱼干	适量
• 味噌	适量
• 白芝麻	适量
• 海苔	适量

② 用筷子轻压同时在背上画上三条线，涂上味噌。

③ 用海苔做眼睛。

完成了！

植物也沉睡的丑时三刻

　　如同前述，"亥"指的是晚上九点到十一点。亥在干支中是属猪的生肖。干支指的并不是只有年月和方位，也可用于计算时间。现代一天以24小时计算，古代则把一天划分为十二个区块，以十二支的名字表示。

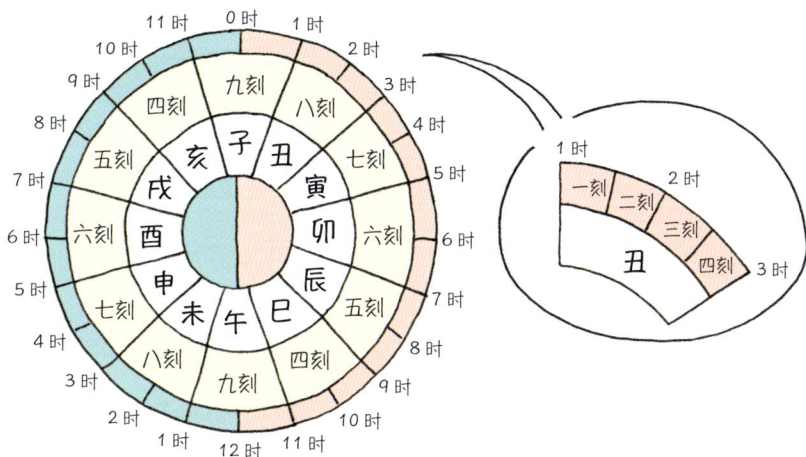

　　鬼故事常说"深更半夜……"十二支把时间又再分为四等份，如上图所示"丑时三刻"指的是凌晨两点至两点半，是大自然万物沉睡，妖魔鬼怪出来活动的时间吧！"丑"这个时间的方位刚好落在东北的位置，而东北正是鬼门，意指不好的方位，或许是加深坏印象的原因呢。

　　顺便一提，在江户时代，时间的算法有所不同，如上图所示，白天和夜晚各分六等份，各等份再以四刻到九刻称呼。在一天吃两餐的时代，下午三点前后的"八刻"吃点心（八刻的日文念起来像点心），因此创造"点心"这个词汇。照这样说，如果一天吃三餐再加上点心，是不是吃太多呢？虽然感觉是这样……但肚子里总有装点心的空间！对江户时代的人来说，能够享用点心也是一种享受吧！

肚子饿了

酉之市

　　"酉之市"是指于十一月的酉日，在全国的鹫神社中举行的祭典，祈求开运招福、生意兴隆。酉之市一开始是农民为了感谢鹫大明神，在收获季节所举办的祭典。起初献上鸡当供品，后来变为贩售农作物和农具的市集。从江户时代，许多店家开始贩售"缘起熊手"（竹靶），上面有象征吉祥的鹤龟、阿龟面具以及稻穗、米袋等装饰物。这个熊手能"招来财运、好运"，是生意兴隆的吉祥物。

　　店里摆满了很多熊手，尺寸由手掌的大小到大至店面都进不去的华丽绚烂的熊手都有。虽然寒意渐浓，但到处可听到商家拍手鼓掌的声音，有股把寒气都赶走的满满元气。举办酉之市的神社寺庙很多，有名的像是浅草的鹫神社、新宿的花园神社、东京府中市的大国魂神社，还有大坂堺市的大鸟神社、名古屋的长福寺等。

买个熊手吧

购买熊手的方式很特别，是以喊价的方式交易，经过一番讨价还价后，会以折扣价卖出，不过折扣后省下来的钱，买方又会以礼金的方式送还给店家。在回家的路上，熊手承载着许多的祝福与祈望，步伐更是健步如飞。

另外，熊手必须每年越买越大，代表生意越做越大，一开始要从最小的买起喔。好几年前，用便宜到不行的价钱买了第一个熊手，就算是很小很小的熊手，离开店家时仍能听到店员们此起彼落的成交祝贺声和鼓掌声。事隔多年，那份热情至今仍言犹在耳，当接近买熊手的时节，又得烦恼"今年该买哪一种尺寸的熊手呢？"因为对我来说，这是振奋人心的重要祭典。

啪啪啪！

岁时记趣事　有第三个酉日时，火灾会特别多？

我们将第一个酉日称为"一之酉"；第二个酉日称为"二之酉"；第三个酉日称为"三之酉"。据说出现第三个"三之酉"的那一年，火灾会特别多。说法很多，众说纷纭，但其中一个是"为了不让先生去吉原（江户时代的红灯区），做妻子的会到处散播谣言"。在当时参加完酉之市后，大部分的男性都会顺道绕去吉原，做妻子的无法忍受先生一个月去三次，所以编了个谎话"出现第三次酉之市的那一年，火灾会特别多，所以酉之市结束后直接回家吧"。牵制的意味浓厚，这也是女人为了不让男人去红灯区所捏造出来的迷信。

治疗感冒的民俗疗法

　　冬天的到来也是流行性感冒的开始。在不像现代医学如此发达的年代，人们会运用各种民俗疗法调理身体。就算到了现在，一开始感冒时，还是会饮用蛋酒和姜茶。感冒药能舒缓发烧、流鼻水等症状，但只能治标不能治本。最重要的是要有好的免疫力和恢复能力。感觉快感冒时，一定要有充足的睡眠，洗手的同时试试民俗疗法。当然如果症状严重时，一定要看医生，千万不要勉强。

蛋酒　让身体温热补充营养，舒缓鼻水症状。

放一颗蛋到碗里，将鸡蛋打散后，加2大匙的砂糖搅拌。

缓缓地倒入一杯温热过的日本酒，充分搅拌均匀。

若不擅长饮酒的话，把酒煮沸，冷却至适温后再倒吧

梅干茶　让身体温热，舒缓鼻塞、消除疲劳。

将梅子以小火温热，放进杯子里，再倒入热的绿茶。

一边用筷子或叉子把梅干捣碎，一边饮用。

姜茶 让身体温热，也可以舒缓喉咙痛、鼻塞等症状。

把 1 小匙的姜泥 （姜片也可以） 和 1 大匙的蜂蜜放入杯里，注入适量的热开水，搅拌均匀。

葱汁 让身体温热，促进排汗。

葱白取 10cm 左右，切碎放入碗里。

放入 1 小匙的味噌，加入 200CC 的热水，搅拌均匀。

白萝卜糖浆 抑制喉咙发炎。

白萝卜带皮切丁，每块约 1cm 宽，放进保存容器后倒入蜂蜜。蜂蜜必须盖过所有的白萝卜。

静置半天左右。

表层清澈的部分可以直接饮用，或舀 1 大匙加入适量的热水饮用

十二月

师走

一年最后的一个月份，意味平时过着恬淡日子的僧侣（师父）将变得忙碌。到了年末，消灾驱邪的祭典和法事非常多，僧人们受邀到不同地方诵经，来回奔波十分繁忙，因此有"师走"之名。其他也称为"苦寒""暮古月""春待月""梅初月"等。

12 月

1	16
2	17
3	18
4	19
5	20
6	21

冬天已经到来

7 日 (左右)　　**大雪** (二十四节气)

22 日 (左右)　　**冬至** (二十四节气)

8	23
9	24
10	25
11	26
12	27

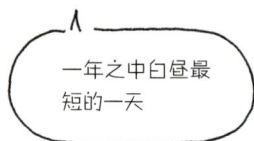
一年之中白昼最短的一天

13 日　　**大扫除**

14	28
15	29
	30

31 日　　**除夕**

二十四节气　　　　其他仪式或习俗

终于到一年的最后一个月份，今年剩下的时间不多了，有股冲动想把事情赶快完成。在寒风中，感觉步伐也自然地加快，不想把今年的事情延宕，所以忙忙碌碌地过每一天，不论公事或私事，都要整理好告一段落。

以沉静的心迎接新的一年到来，回顾这一年中各式各样的活动，都让生活变得更有声有色。这之中最特别的莫过于瞬间换了新的一年，感觉就像重生，全部都像新的一样。"忘年会"或"尾牙"如同"忘记前一年"，把一年之中不好的种种全部忘记，充满希望准备迎接新一年的到来吧！

十二月的诞生花
仙客来

花语：羞涩、腼腆

十二月
当令食材

橘子

日本的冬天就是要坐在被炉里吃橘子。橘络（白丝的部分）和内果皮含有果胶，可以帮助整肠和降低胆固醇。橘子富含丰富的膳食纤维，建议连同内果皮一起吃。

白萝卜

白萝卜最常见的品种为"青首萝卜"。冬天采收的白萝卜富含水分且滋味甘甜，夏天的则辛辣味较重。顺便一提，形容演技拙劣的演员称为"大根役者"，这么说是一种诙谐的说法。"白萝卜不管生吃或熟食，都不会食物中毒"，暗喻"不管演什么都不像"。

大白菜

虽然 95% 是水分，却含有钾、钙、维生素 C 等多种丰富均衡的营养素。淡淡的味道适合搭配任何食材。在火锅里放大量的大白菜，大口大口地享用吧！

鳕鱼

没有鱼腥味，肉质松软的白肉鱼。"鳕腹"是形容吃很饱，意指像鳕鱼的肚子一般圆滚滚，宛如临盆孕妇。

冬天就是要吃火锅！土锅的使用方法

土锅具有蓄热性，它的特点是即使熄火后，也可利用余温使其不易冷掉。也能锁住食物的原始风味。好好保存可以使用很久。

新土锅

全新的土锅处于水分容易渗透的状态，在使用前以煮粥的方式进行一次"养锅"。因为米饭中的淀粉能将间隙填满，防止裂痕并能将异味去除。

养锅

于锅内注入八分满的水，以及水量的 1/5 的米饭，以小火慢慢熬煮。煮成粥的状态便熄火，静置数小时后洗净土锅。

清洗时

用中性清洁剂和海绵轻轻清洗，千万不可使用去污粉和不锈钢丝绒刷。万一底部烧焦了，先用热水浸泡一段时间后再清洗。如果还是洗不干净，放 1～2 大匙的小苏打粉加水煮沸后关火，冷却后再清洗。

注意事项

- 严禁干烧！
- 土锅处于热锅的状态时，不可水洗。
- 加热前，务必确认土锅已完全干燥。
  以上均是造成土锅龟裂的原因。

清洗的时候，锅子的底部、外层尽量不要弄湿

出现裂痕时

运用煮粥的方式，饭中的淀粉能将裂痕填满。

去除异味

注入八分满的水，再将适量茶渣放入，煮上 10mins 左右。

大扫除
十二月十三日

十二月十三日这天是"掸灰尘"的日子，要把一年累积的煤黑烟和灰尘全部清除！但大部分人都在年关将近才开始大扫除。很久以前，十二月十三日是准备过新年的开始日，据说这天要挂上门松，以及到山上捡烹煮用的木柴。大扫除也是重要的环节，为了迎接新年的年神到来，会把神龛或祭坛清理干净，说是清扫，不如说是因信仰而做的一种仪式。顺便一提，掸灰尘的日文"すす払い"（su.su.ha.ra.i）的"すす"（su.su）是指开火时冒出带有黑色粉末的烟，在使用炕炉的年代，"すす"（su.su）会把家里弄得黑黑的。一口气打扫完压力太大，当意识到大扫除必须从十三日开始后，尽可能这日起每天一点一点地打扫整理。"今天只要擦风机，明天只要擦窗"，把打扫项目细分，这样不但没有压力，也更起劲。

连平日无法碰触到的地方也变得一干二净喔

在十三日这天打扫神龛或祭坛吧！

用小苏打和柠檬酸对抗顽强污垢

厨房的污垢油渍，浴室的水垢，使用强效洗洁剂担心伤到手，或万一误食该怎么办？这里和大家分享使用"小苏打""柠檬酸"，既环保且不伤身的清洁方法。小苏打是制作蛋糕时所使用的泡打粉的主要成分，柠檬酸则是柠檬或醋等含酸的成分。两样都是天然成分，既不伤手，就算不小心吃了也不伤身，特别是家中有小孩或宠物的家庭可以安心使用。

小苏打

买扫除用的

料理用的也可以，但价钱较高。

小苏打粉

柠檬酸

买扫除用的

两样在药店或商店都买得到。

柠檬酸

小苏打 对付油污或手上的污垢等"酸性"污垢能发挥效用，也有研磨作用。

NG 不可用于铝制品（会变黑）。

制作喷剂式小苏打水

把 250CC 的水和 1 大匙的小苏打粉放入喷剂瓶里彻底溶化。

只要在有污垢的地方轻轻一喷即可

制作糊状小苏打

小苏打粉和水 2:1 的比例，混合成糊状。

对顽固油污很有效

厨房的油渍

墙壁上的污垢可用喷剂式的小苏打水擦拭。煤气炉上的油污不好清除的话，在油污的地方涂上糊状的小苏打，静置 30mins 后再擦拭。

浴室的浴缸、地板和墙壁

把浴室整个弄湿，撒上小苏打粉，用海绵擦拭后用水洗净。

微波炉或冰箱的污垢

用小苏打水将抹布弄湿，擦拭污垢处再用沾水的抹布擦拭。

小苏打容易留有白色粉末，要擦拭干净

放入鞋柜除去异味

小苏打有除臭功效，把小苏打粉倒入适当的容器里放入鞋柜。2～3个月更换一次即可，替换的仍可清洁使用，相当环保。

柠檬酸 可使用在有水垢或肥皂渍的物品上，对"碱性"污垢能发挥效用。

NG 不可用于人工大理石、铁等（会侵蚀大理石，铁会氧化生锈）。

不能跟含氯气的洗洁剂混合使用，会产生氯气瓦斯，非常危险！

制作喷剂式柠檬酸水

把 250CC 的水和 1～2 小匙的柠檬酸放喷剂瓶里彻底溶化。

> 不好脱落的污垢，可用浓度较高的

水龙头或洗脸盆的水垢、肥皂渍

喷上浓度较高的柠檬酸水，静置 30mins 左右。用牙刷或海绵刷后再用水冲洗。

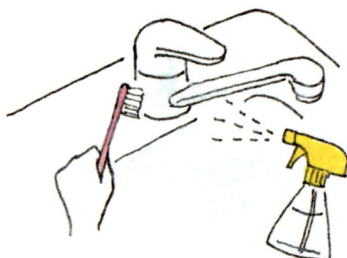

电热瓶的水垢

把电热瓶的水装满，倒 50g 的柠檬酸粉末溶解。插入插头，加热放置 1 小时。拔掉插头，待冷却后把水倒掉，边用海绵擦拭，边用水冲洗干净。

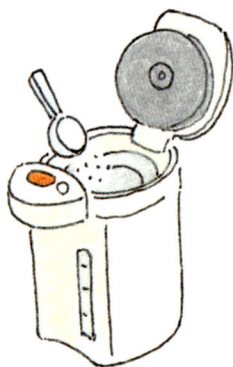

整个浴室

厕所的地板和墙壁，喷上柠檬酸水，再用抹布擦拭。马桶上的顽强污垢和尿结石，用卫生纸浸透浓度较高的柠檬酸水，静置一晚后，用刷子刷掉污垢。

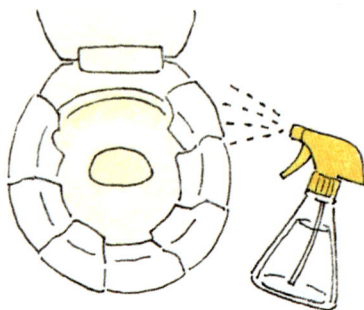

岁暮送礼

每当到了岁暮的季节，商店、地下街顿时变得非常热闹。看到这么多的人，感觉十二月真的到来了。岁暮指在年末的时候，赠送礼品给这一年来关照过自己的人，以表感激之意。本来日文岁暮就是年终的意思，它的由来是在迎接新年的同时，会准备祭品祭祀祖先。遂变成在年终的时候，赠送礼品给曾经照顾过自己的人，因此岁暮也用来指此时所赠送的礼品。

岁暮和中元都不是祝贺，而是答谢。大部分是晚辈送给长辈，基本上不需要回礼。而收到东西后，必须马上发一封感谢信给对方。不要只打电话或只写 E-mail，甚至是等寄贺年卡时才回，这些都很失礼。

如果收到同辈或朋友赠送的话，可用等值礼品当作恭贺新年的回礼。

馈赠时期
从十二月初开始到十二月二十日
过了二十日到立春这段时间是"寒中问安"。但在"松之内"一月一日至一月七日（有些地区到十五日）期间内，收到对方的贺礼时，要以"新年贺礼"回赠。

预算
亲戚、熟人、公司的上司等……3000 ～ 5000 日元
特别关照过自己的人……5000 ～ 10000 日元

品项
火腿、香肠、螃蟹等当季食物或酒、礼券等。

一旦中元时赠送过，岁暮也一定要赠送，这是基本的礼貌。
如果只想赠送一次的话，那就在岁暮时再赠送吧。

冬至
十二月二十二日顷

　　冬至这一天是一年之中，白天最短，夜晚最长的一天。泡柚子浴，祈求健康平安。
在日本，据说吃了带有"n"发音的食物，会带来好"运"。南瓜是一般最常吃的食物，
和"胡萝卜""莲藕""银杏果""金橘""寒天""乌龙面"合称"冬至的七种"。
不只是吉祥物，在严寒的季节，这些都是能使身体暖和的食材。

　　虽然十二月的街道，充满着圣诞节的气息，然而一接近冬至，可见沿路有许多人买
了南瓜和柚子带回家的景象。这是自古流传下来的习俗。冬至这天之后，白天再度越来
越长，"把不好的丢掉，迈向美好的日子"，因此冬至又称为"一阳来复"。如果这样
想的话，对未来会充满希望，就算在寒冬中也是斗志十足。

南瓜和红豆 "表（堂）兄弟煮物"

据说冬至时食用的话就不会感冒，有些地区则是说吃了会变有钱。红豆由生豆开始烹煮，需要花很长的时间，所以用罐装红豆来烹调吧！

> 为什么是表（堂）兄弟煮物呢

从硬的开始"慢慢"烹煮的料理。
日文"慢慢"（o.i.o.i）和"甥甥"发音相同，因此衍生出表（堂）兄弟煮物的称呼。

① 把南瓜切成一口大小。

② 皮朝下放入锅里，加水后开大火。煮沸后，用落盖或烹饪用纸盖住，转中火煮5mins。

材料（2人份）

- 南瓜 1/4 个
- 煮过的红豆（罐装）100g
- 酱油 2 小匙
- 水 1 杯

③ 加入红豆和酱油，盖上落盖，再煮 5mins 左右。用筷子插插看，如果南瓜变软，就完成了。

> 热腾腾……
> 天然的甜味

来泡柚子浴

把柚子切半放入浴缸，使之浮在水面上或依个人喜好倒入果汁里。也可以整颗放进浴缸里，一边泡澡，一边闻柚子散发出新鲜的淡淡清香。

> 放进纱布袋里，泡完后也较好收拾

为何冬至要泡柚子浴呢?

据说江户时代,日本人在冬至时就有泡柚子浴的习惯。柚子强烈的香气和药效据说有避邪的作用。柚子的日文"ゆず"(yu.zu),取(脑子)灵活的日文"融通"(yu.u.zu.u)的谐音,祈求"身体健康、头脑灵活";冬至的日文"冬至"(to.u.ji),则与泡澡治病的日文"汤治"(to.u.ji)发音相同,因此有了泡澡之后,所有的病痛都会不药而愈的说法。柚子浴对女性来说不但能改善手脚冰冷、腰痛的疾病,更能养颜美容,同时气味还能舒缓紧张情绪。泡柚子浴是老祖宗为了健康地度过冬天的智慧结晶!

自制柚子茶

泡茶就能让身体暖和起来,酸酸甜甜又美味的"柚子茶"做法简单,可冷藏两个月左右。富含丰富的维生素C,可预防感冒!

材料

- 柚子　500g
- 冰糖　500g
- 能够密封的保存瓶

① 洗净柚子,横切一半后去除蒂和籽。

② 把果汁保存到瓶里,不用去皮直接将果肉切小块。

③ 把柚子和冰糖交替放进保存瓶中,盖上盖子。

④ 放置1～2周,直到冰糖融化。

适时摇晃,使之均匀

和姜的味道很搭

倒入热开水就是温热又好喝的柚子茶!

当成果酱,涂在吐司上也可以。

加入优酪乳也好吃。

新年的准备

　　过了冬至，就要开始准备过新年。除了把家里打扫干净之外，也要准备新年的装饰品。每天都在忙乱中度过的同时，脑海里交替浮现这一年所发生的事，或计划新一年的抱负。这段期间有别于平日的气氛，使人走在路上也会心潮澎湃、欢欣雀跃不已。

年货大街

　　新年所举办的年货市集里，可以见到许多贩售新年装饰品、毽球板、年菜所用的生鲜食材和南北干货等的摊贩，还能听到讨价还价的叫卖声。除此之外，也有贩卖厨房用品和贴身衣物的，意味着新的一年，一切都要焕然一新。这段期间会有令人意想不到的折扣，这也是只有在年终时才有的景象。有机会一定要去走走，感受这股充满朝气的氛围，是岁末的特有景物。

门松

装饰于家门口。如果是大厦或公寓，则用较简单的放在门边。是年神的栖身之处。

镜饼

装饰于和室的壁龛。没有的话，放在家人聚集的客厅等地方也可以。是供奉年神的供品。

注连绳

挂在玄关的装饰品。表示合适年神降临的洁净场所。也有消灾驱邪的含意。

13	14	15	16	17	18	19
20	21	22	23	24	25	26
27	28	2̶9̶	30	3̶1̶		

何时开始摆设呢？

十二月十三日到二十八日这段期间准备新年相关事物，最迟也不可超过三十日这天。日文"二十九"（nijyu.u.ku）和"二重苦"（nijyu.u.ku）发音相同，意指会带来不祥之兆，三十一日叫作"一夜饰"，意指只摆放一天，对神明的诚意不足，因此不要在这两天摆设。

何时收拾？

从元旦算起第七天（有些地区是第十五天），这段时间称为"松之内"，是年神降临的期间。虽然各个地区不同，一般都在松之内结束的一月七日那天收拾新年的装饰品。

手作新年装饰品

住家空间无法准备正式的新年装饰品的话，下点功夫在玄关处增添些华丽感吧。只要准备一个，整个气氛就显得更加热闹。

有品位又有新年气氛的简单摆设

把两张不同颜色的色纸交错放置，并在上面放纸鹤或松果等。

用色纸把空瓶包裹起来，绑上绳子，用松叶或南天竺等装饰。到了年末，花店都有贩售新年时用的花卉和树木套组。

用色纸做的注连绳风的玄关挂饰

材料

选用 24cm 宽的色纸做出来的成品较有震撼力

- 色纸
- 胶水
- 稳固的粗绳或缎带

① 对折。

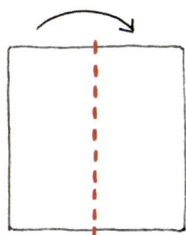

② 再对折。

③ 再对折。

④ 打开后，从两端往
内折到红色虚线处。

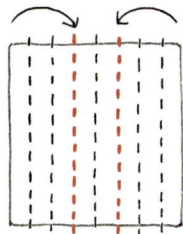

⑤ 对折。

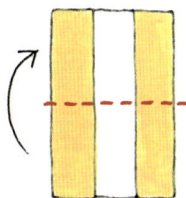

⑥ 再对折。

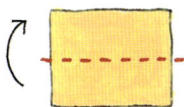

⑦ 再对折。

⑧ 再对折。

⑨ 打开后，从一端照着折痕，
依先往上折再下折的顺序。

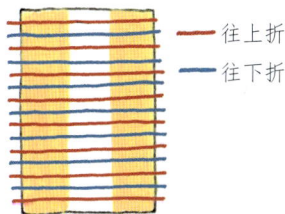

—— 往上折
—— 往下折

⑩ 从正中间对折。

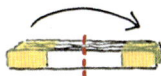

⑪ 展开两端形成扇子状，
同样的方法再做一张。

⑫ 将两张纸沿红色实
线粘起来。

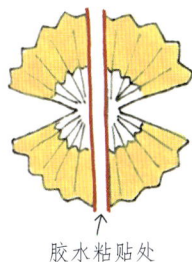

胶水粘贴处

⑬ 中间的部分用绳子（或缎带）绑
一个结，将两端接合处粘起来形
成圆状。

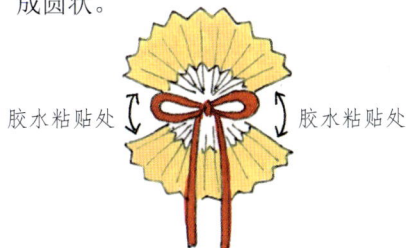

胶水粘贴处   胶水粘贴处

背后绑绳子，即
可挂在玄关处

扇子的正反面用不
同颜色的绳子，看
起来更加华丽。

除夕
十二月三十一日

　　终于到了一年的最后一天，在外地生活的家人回到家乡团聚，热热闹闹一起跨年。小孩们只有在除夕这天能够守夜，明显能感受到跟平时完全不同的兴奋感。全家围坐在被炉上，吃跨年荞麦面，当听到远远传来的除夕夜撞钟声，在凌晨12点的瞬间，大家会互道"恭贺新喜"。

　　在一年内，虽然有很多的仪式，但说到最大的仪式，应该就是跨年吧！一年的结束或许感到有些落寞，但除夕这天是对新的一年充满希望，做最后总结的一天。

跨年荞麦面

　　荞麦面又细又长，象征长命百岁，再加上荞麦面比其他的面类容易咬断，有借由吃荞麦面将过往的烦恼、忧劳切断之意。虽然没有特定在什么时间吃，由于跨年荞麦面是年夜饭和消夜的一部分，因此在踏入新的一年之前吃完吧。

又细又长

除夜之钟

"除夜"意指"消除旧年之夜"的除夕夜。寺院在除夕的凌晨时分，会敲响大钟一百零八下，意味着以钟声除去人世间的 108 种烦恼，用一颗纯净的心迎接新的一年到来。烦恼指的是所有会让心灵带来痛苦的负面情绪，其中像欲望、愤怒、执着等。只是 108 这个数字是怎么来的呢？

佛教里，人的感知器官有六个，"六根"（眼、耳、鼻、舌、身、意），而"六境"指六根所取之六种对境（色、声、香、味、触、法）。这些也各有"好、坏、平"三种状态。因此 6×3 和 6×3 加起来是 36 个。时间也分为现在、过去和未来。$36 \times 3 = 108$，这就是 108 种烦恼的由来。

除了"烦恼说"之外，另有种说法是因为一年有十二个月，十二个月的"12"、二十四节气的"24"、七十二候的"72"加起来刚好也是"108"。日文有句成语叫"四苦八苦"，是 4×9（四苦）再加上 8×9（八苦）$= 108$。每个说法都很有道理也很有趣呢。听着钟声会使人想起这一年来所发生的事情，借着钟声除去心中的烦恼，告别这一年的纷扰，以快乐的心情迎接新的一年到来。

12	×	3	×	3	=	108

六根　六境	状态	时间
眼 — 色	好	现在
耳 — 声		
鼻 — 香		
舌 — 味	坏	过去
身 — 触		
意 — 法	平	未来

$\times$ 之间

祈求新的一年健康平安

锵～

后 记

我是东京长大的都市小孩，但小时候每逢寒、暑假，大多都在位于广岛县福山（鞆之浦）的外婆家度过。我喜欢那里的居民，享受大自然和季节的变化，无忧无虑地度过每一天。也许是受到他们的感染，我才对大自然和岁时记产生了兴趣。

或许是遗传了父母的乐天性格，又或是乐观过头？当收到本书的出版提案时，一开始很担心"初出茅庐的乐天家伙写岁时记没问题吗？"正因为如此，说不定我能以不懂"什么是岁时记"的初学者角度，写出一本轻松易懂的岁时记，因此决定执笔。

记得上学的时候，课后的实验报告作业里，其他同学的报告都用文字叙述，而我总是将自己角色化，用生动又有个性的插图以全彩的方式画满整个报告，就像一本有趣又好笑的漫画一般。到底怎么做才能将复杂的事物整理得易懂、有趣呢？对小学生来说，只能全力以赴吧！

一边写书、一边想起以前的自己，看似困难，却也变得简单又有趣。如果能使这本书浅显易懂，就是我乐于见到的成果了。最后，感谢所有竭力帮忙、付出心力制作本书的相关人员，特别是提拔我的编辑松永先生，和一直支持我的家人，当然还有手上拥有这本书的读者。由衷地感谢您们，谢谢！祝各位 365 天都过得非常充实。

2013 年 11 月　佐藤裕美

【参考书籍】

《30分でわかる神事・佛事のしきたり》涉谷申博（日本文艺社）

《雨の名前》高桥顺子（小学馆）

《风の名前》高桥顺子（小学馆）

《神さま之神社》井上宏生（详传社）

《冠婚葬祭之マナーの基本事典》The R 监修（成美堂出版）

《行事之しきたりの料理》千澄子、城户崎爱、宫田登（妇人画报社）

《くらしのこよみ》Beautiful Living Research Lab（平凡社）

《子どもに传えたい年中行事・记念日》萌文书林编辑部（萌文书林）

《月の名前》高桥顺子（小学馆）

《日本の色辞典》吉冈幸雄（紫红社）

《日本のしきたり絵事典》武光诚监修、深光富士男著（PHP 研究所）

《日本の食材帖　野菜・鱼・肉》Bouz Connyaku 监修、山本谦治监修、主妇和生活社编辑（主妇和生活社）

《日本・中国の文樣事典》视觉设计研究所（视觉设计研究所）

《日本の传统色　配色之かさねの事典》长崎严监修（Natsumesha）

《年中行事・仪礼事典》川口谦二、池田孝、池田政弘（东京美术）

《和のしきたり　日本の暦之年中行事》新谷尚纪（日本文艺社）

【参考网站】

"历生活"http://www.543life.com/

附录——本书中、日文名词对照

中文	日文	日文假名	页码
门松	門松	かどまつ	P28
注连绳	注連縄	しめなわ	P28
镜饼	鏡餅	かがみもち	P28
里白	裏白	うらじろ	P28
交让叶	ゆずり葉	ゆずりは	P28
橙	橙	だいだい	P28
圆饼叠	2段の丸餅	にだんのまるもち	P28
若水	若水	わかみず	P28
曙光	初日の出	はつひので	P29
御年玉/压岁钱	お年玉	おとしだま	P29
舞狮	獅子舞	ししまい	P29
初写/新年初次开笔	書き初め	かきぞめ	P29
初诣/新年初次参拜	初詣	はつもうで	P30
贺年卡	年賀状	ねんがじょう	P32
初梦/新年做的第一个梦	初夢	はつゆめ	P34
年菜	御節	おせち	P36
屠苏	お屠蘇	おとそ	P37
打羽球	羽根つき	はねつき	P40
笑福面	福笑い	ふくわらい	P40
抢纸牌	かるた	かるた	P40
打陀螺	こま回し	こままわし	P40
放风筝	凧揚げ	たこあげ	P41
绘马	絵馬	えま	P42
达摩	達磨	だるま	P42
护身符	お守り	おまもり	P43
破魔矢	破魔矢	はまや	P43
招财猫	招き猫	まねきねこ	P43
七草粥	七草がゆ	ななくさがゆ	P45
御七夜	お七夜	おしちや	P49
神宫参拜	お宮参り	おみやまいり	P49
开始进食	お食い初め	おくいぞめ	P49
七五三	七五三	しちごさん	P49
成人礼	成人式	せいじんしき	P50
结纳/订婚	結納	ゆいのう	P50
祝言/婚礼	祝言	しゅうげん	P50
婚宴	結婚披露宴	けっこんひろうえん	P50
除厄	厄払い	やくはらい	P50
撒豆子	豆まき	まめまき	P62

中文	日文	日文假名	页码
惠方卷	恵方巻	えほうまき	P62
女儿节	雛祭り	ひなまつり	P82
菱形麻糬	ひし餅	ひしもち	P85
彩色米花糖	ひなあられ	ひなあられ	P85
蛤蜊汤	蛤	はまぐり	P85
白酒	白酒	しろざけ	P85
散寿司	ちらし寿司	ちらしずし	P85
牡丹饼	牡丹餅	ぼたもち	P92
鲤鱼旗	鯉のぼり	こいのぼり	P124
菖蒲浴	菖蒲湯	しょうぶゆ	P126
柏饼	柏餅	かしわもち	P130
退潮拾贝	潮干狩り	しおひがり	P132
衣物换季	衣替え	ころもがえ	P145
晴天娃娃	てるてる坊主	てるてるぼうず	P151
盛夏问候	暑中見舞い	しょちゅうみまい	P172
七夕	七夕	たなばた	P174
庙会	縁日	えんにち	P180
中元	中元	ちゅうげん	P184
盆节	お盆	おぼん	P194
扫墓	お墓参り	おはかまいり	P197
消暑气	暑気払い	しょきばらい	P200
烟火	花火	はなび	P202
重阳节	重陽の節句	ちょうようのせっく	P212
菊花酒	菊酒	きくざけ	P214
十五夜	十五夜	じゅうごや	P216
赏月团子	月見団子	つきみだんご	P220
赏红叶	紅葉狩り	もみじがり	P238
风吕敷	風呂敷	ふろしき	P253
缘起熊手	縁起熊手	えんぎくまで	P260
大扫除	すす払い	すすはらい	P270
岁末送礼	お歳暮	おせいぼ	P273
冬至	冬至	とうじ	P274
柚子浴	ゆず湯	ゆずゆ	P277
新年	正月	しょうがつ	P278
年货大街	歳の市	としのいち	P278
除夕	大晦日	おおみそか	P282
跨年荞麦面	年越しそば	としこしそば	P282
除夜之钟	除夜の鐘	じょやのかね	P283

图书在版编目（CIP）数据

和之美：和风生活绘物志/（日）佐藤裕美著；朱
世方译．—北京：北京联合出版公司，2017.10
ISBN 978-7-5596-0891-8

Ⅰ．①和… Ⅱ．①佐… ②朱… Ⅲ．①文化—介绍—
日本 Ⅳ．① G131.3

中国版本图书馆 CIP 数据核字（2017）第 207265 号

TAISETSU NI SHITAI NIPPON NO KURASHI by Sato Hiromi
Copyright © 2013 Sato Hiromi
All rights reserved.
Original Japanese edition published by Sanctuary Publishing Inc.

Simplified Chinese translation copyright © 2017 by Beijing Xiron Books Co.,Ltd.
This Simplified Chinese edition published by arrangement with Sanctuary Publishing Inc.,Tokyo,
through HonnoKizuna, Inc.,Tokyo,and Beijing Kareka Consultation Center.

著作权合同登记 图字：01-2017-5830 号

和之美：和风生活绘物志

作　　者：〔日〕佐藤裕美
译　　者：朱世方
责任编辑：杨　青　高霁月
装帧设计：棱角视觉

北京联合出版公司出版
（北京市西城区德外大街 83 号楼 9 层 100088）
北京盛通印刷股份有限公司印刷　新华书店经销
字数 72 千字　787 毫米 ×1092 毫米　1/16　18 印张
2017 年 12 月第 1 版　2017 年 12 月第 1 次印刷
ISBN 978-7-5596-0891-8
定价：108.00 元